Margot Hellmiß

Apfelessig

für Küche, Haushalt und Schönheitspflege

Altbewährte Rezepte neu entdeckt. Mit Apfelessig vollwertig kochen,
umweltschonend reinigen, sanft heilen und natürlich pflegen

LUDWIG

Inhalt

Äpfel – Ausgangsprodukt für Apfelessig.

Apfelessig ist ein sanftes Allzweckmittel der Natur.

*Spiegel-
blank:
Apfelessig
als ökover-
trägliches
Putzmittel.*

*Schon
Kleopatra
nützte
Essig als
Schön-
heitstrunk.*

Apfelessig in der Kosmetik

*Aromaessige
– Hochgenuss
für Gaumen
und Augen.*

Vorwort

Essig – schon vor Jahrtausenden schätzten ihn die alten Ägypter, Babylonier, Griechen und Römer als Würz- und Konservierungsmittel, als Durstlöscher (verdünnt mit Wasser), als natürliches Hautpflegemittel, zur Desinfektion und als probates Naturheilmittel.

Zu Beginn des 20. Jahrhunderts erkannte der amerikanische Mediziner Dr. De Forest Clinton Jarvis vor allem den Wert des Apfelessigs wieder und machte ihn populär. Wegen seiner gesundheitsfördernden Wirkung ist der Apfelessig seither aus der amerikanischen und britischen Küche nicht mehr wegzudenken.

Gemeint ist in diesem Buch immer der reine, naturtrübe Apfelessig, der nicht destilliert ist. Die gegen Körpergifte so wichtige natürliche Apfelsäure wird bei der Destillation zerstört, lebenswichtige Mineralien und wertvolle Enzyme gehen verloren. Ihr Apfelessig sollte eine dunkle Farbe haben und reich an Schwebstoffen sein.

Gesundheitselixier Apfelessig

Auch in der mitteleuropäischen Volksheilkunde hat Apfelessig seinen festen Platz. Es gibt kaum eine Sammlung von Hausrezepten und natürlichen Heilmethoden, in denen nicht von Apfelessig die Rede ist. Schon unsere Großmütter haben auf ihn geschworen – als universelles Stärkungsmittel, als Arznei gegen Fieber und Husten, zur Wundversorgung, als geschmackliche Bereicherung für die gesunde Vollwertküche, als Mittel zur Schönheitspflege und zur umweltfreundlichen Allzweckreinigung in Küche und Bad.

Die Vermonter Volksmedizin

Apfelessig oder Obstessig, wie er auch genannt wird, ist ein uraltes Heilmittel der Volksmedizin, speziell des US-Bundesstaats Vermont. Die Volksmedizin ist, wie schon der Name sagt, die traditionelle Heilkunst einer breiten Bevölkerungschicht und nicht der Ärzteschaft. Es handelt sich dabei um altes Erfahrungswissen und bewährte Hausmittel, wie sie mündlich von Generation zu Generation weitergegeben wurden. Ziel dieses Kenntnisschatzes ist es, den Körper gesund zu erhalten, also Krankheiten erst gar nicht entstehen zu lassen.

»Die Volksmedizin hat vor allem jenen Menschen viel zu bieten, die sich nicht damit abfinden, die Abnahme der körperlichen Kräfte, den drohenden Verfall als etwas Unvermeidliches hinzunehmen, sondern lieber einen Weg suchen, bis ans Ende ihrer Tage lebenskräftig, tätig und gesund zu bleiben«, schrieb D. C. Jarvis in seinem Buch »5 x 20 Jahre leben«.

Ein altes Hausmittel neu entdecken

Der Apfelessigbefürworter Cyril Scott schrieb 1949, dass Apfelessig »eine ganze Anzahl verschiedener Dinge aufs beste und ohne schädliche Nebenwirkungen tut« und »bei einem sehr breiten Spektrum von Krankheiten sehr nützliche Dinge leistet«. Die amerikanischen Ärzte Paul und Patricia Bragg stützen ihre Untersuchungen auf wissenschaftliche Erkenntnisse und langjährige therapeutische Erfahrung; sie erkannten in naturtrübem Apfelessig »ohne Zweifel eines der vollkommensten Nahrungsmittel der Natur«. Dieses Buch will Ihnen dabei helfen, das bewährte Hausmittel für sich selbst zu entdecken, es soll ein Wegweiser durch die vielfältigen Anwendungsgebiete von Apfelessig sein. Nutzen auch Sie die sanfte Kraft aus der Natur!

**Das Grundrezept für das Apfelessiggetränk lautet folgendermaßen:
2 Teelöffel Apfelessig, 1 bis 2 Teelöffel Honig auf 1 Glas Wasser. Trinken Sie diesen Cocktail täglich schluckweise vor oder nach dem Frühstück – kurmäßig mindestens sechs Wochen lang. Er beugt den unterschiedlichsten Erkrankungen vor.**

Gesunder Frühschoppen: Den Cocktail mit Apfelessig und Honig sollte man am besten auf nüchternen Magen trinken. Wem das nicht bekommt, der wartet bis nach dem Frühstück.

Die sanfte Kraft der Natur ist in Apfelessig verborgen.

Apfelessig enthält u.a.: Vitamine A, B1, B2, B6, B12, C, E, Beta-Karotin, Rutin (Vitamin P). Mineralstoffe und Spurenelemente: Chloride, Eisen, Fluor, Kalium, Kalzium, Kupfer, Magnesium, Natrium, Silizium. Säuren: Essigsäure, Zitronensäure, Propionsäure, Milchsäure. Außerdem: Aromastoffe, Enzyme, Pektin.

Warum Apfelessig so gesund ist

Wenn man sich die Liste der Beschwerden anschaut, gegen die Apfelessig hilft, könnte man meinen, er sei ein wundertätiges Allheilmittel. Selbstverständlich stimmt das so nicht. Apfelessig hat sich als sanftes Therapeutikum vielfach bewährt. Das heißt aber kaum, dass er immer und für jeden geeignet ist. Beispielsweise Menschen, die schwer an Magen oder Darm erkrankt sind, werden ihn höchstens stark verdünnt oder gar nicht vertragen. Auf Erfahrungswissen gestützte Therapeutika wie Apfelessig sollten auch mit der eigenen Erfahrung beurteilt werden. Dass sich die meisten im Verlauf einer Apfelessigkur zunehmend besser fühlen, kann als Beweis für die günstigen Auswirkungen des Tranks auf den menschlichen Organismus angeführt werden. Man ist aber nicht allein auf seine persönlichen Beobachtungen angewiesen.

Die Mischung macht's

Auch mit den Mitteln der modernen Wissenschaft und Forschung lässt sich erklären, was in dem sauren Cocktail so gesund ist. Es liegen allerdings noch keine medizinischen Reihenuntersuchungen darüber vor, welche Erfolge man mittels Apfelessig bei welchen Beschwerden erzielen kann. Die Wissenschaft hält aber eine Fülle von Erklärungen parat, in welcher Weise sich die einzelnen Inhaltsstoffe des Apfelessigs positiv auf den menschlichen Organismus auswirken.

Dies betrifft alle Vitamine, Mineralstoffe und Spurenelemente, die Säuren, Enzyme und Aromastoffe und vor allem das Pektin, das reichlich in Apfelessig vorkommt. Diese Stoffe können dem Organismus auch isoliert als Nahrungsergänzung durch Tabletten zugeführt werden. Oft kommt es jedoch gerade auf die natürliche Kombination der Wirkstoffe, z. B. im Apfelessig, an.

6

Pektin – die Cholesterinbremse

Pektin, in unserem Fall Apfelpektin, hält als natürliche Klebesubstanz die Fruchtzellen zusammen. Der leicht quellbare Stoff gehört zu den Polysacchariden, den großmolekularen Zuckerarten. Durch Pressen oder Quetschen lässt sich Pektin nicht zerstören. D.h., wenn man auf rein mechanische Weise Äpfel versaftet, gelangt alles Pektin der Äpfel in den Apfelsaft und später in Most und Essig. Dann wird der Essig trüb, weil das Pektin den sogenannten Trub in der Schwebe hält, also nach wie vor Fruchtfleischzellen aneinanderkettet.

Rückt man dem Presssaft allerdings mit Pektinasen, pektinspaltenden Enzymen, zu Leibe, dann löst sich das Pektin, der Trub setzt sich ab, und man kann alles Trübende aus dem Presssaft herausfiltern. Dann hat man klaren Apfelsaft oder Apfelessig.

Zu diesen Maßnahmen sehen sich viele Hersteller gezwungen, weil die Verbraucher klare Produkte bevorzugen und der Essig auch haltbarer wird. Doch gerade ein trüber Apfelessig mit hohem Pektinanteil garantiert gesundheitlichen Nutzen. Pektin, ein wasserlöslicher Ballaststoff, ist verdauungsfördernd und entzündungshemmend.

Aktiver Gefäßschutz

Speziell dem Apfelpektin wurde in wissenschaftlichen Untersuchungen der Universität Wien im Jahr 1991 eine cholesterinsenkende Wirkung bescheinigt. Es senkt die schädlichen Blutfettanteile (LDL-Cholesterin) und erhöht die heilsamen Blutfette (HDL-Cholesterin). Zu viel LDL-Cholesterin im Blut ist gesundheitlich gesehen äußerst bedenklich, weil der Blutfluss träger wird, sich Ablagerungen in den Blutgefäßen bilden und in der Folge Herzinfarkt oder Schlaganfall häufiger auftreten.

Naturtrüber Apfelessig enthält reichlich Pektin und verbessert die Versorgung mit Körperflüssigkeit. Das merken nicht nur Menschen mit Durchblutungsstörungen, sondern auch Gesunde, die sich nach einer Apfelessigkur frischer, vitaler und leistungsfähiger fühlen und eine straffere, gesündere Haut haben.

Apfelessig birgt außer Vitaminen und Mineralstoffen auch etwas Eiweiß und Kohlenhydrate. Ein Esslöffel Apfelessig hat dabei aber nur zwei Kilokalorien.

Hilfreiche Essigsäure

Die Essigsäure im Apfelessig hat konservierende und desinfizierende Eigenschaften. Sie bekämpft Fäulnisbakterien und Schimmelsporen auf unseren Lebensmitteln, wenn wir sie in Essig einlegen, genauso wie sie Fäulnis- und Gärungsprozesse in unserem Verdauungsapparat blockiert.

Viele Menschen leiden an Kopfschmerzen, Abgeschlagenheit, Hautunreinheiten, Ekzemen, Depressionen, Gelenkschmerzen oder Blasenentzündungen und ahnen gar nicht, dass dies ursächlich auf ihre schlechte Verdauung zurückzuführen ist. Ihr Darm ist infolge ständiger Überforderung – beispielsweise durch ein Zuviel an Nahrung oder Alkohol – träge geworden, die Muskelbewegungen des Darms (Peristaltik) ist erlahmt. Es bilden sich Ablagerungen im Verdauungstrakt, und es kommt zu Fäulnis- und Gärungsprozessen. Dabei entstehen Giftstoffe wie Propanol oder Butanol und vor allem schädliche Fuselalkohole. Sie können unseren gesamten Organismus belasten und die Gemütsverfassung beeinträchtigen. So manche Verstimmung beruht nur auf »Bauchgrimmen«.

Wenn Sie unter Blähungen, Völlegefühl oder Sodbrennen leiden, kann es sein, dass Ihr Speichelfluss zu schwach ist. Speichel ist jedoch wichtig für die Stärkeverdauung. Trinken Sie daher vor dem Essen einen Esslöffel Wasser mit zwei Tropfen Apfelessig. Wenn Sie die Mischung eine Minute im Mund behalten, wird der Speichelfluss angeregt.

Reinigung für Magen und Darm

Dagegen kann Apfelessig und auch anderer Essig zweifach hilfreich sein: Zum einen kann er bei leichten Magenverstimmungen helfen, die auf den Genuss von verdorbenen Lebensmitteln zurückgehen. Das gilt aber nur bei relativ harmlosen Infekten und nicht bei schwer wiegenden Salmonelleninfektionen o. Ä.! Zum anderen kann der Essig schädliche Fäulnisbakterien, die sich in einem trägen Darm infolge zu üppiger Kost gebildet haben, angreifen und so eine reibungslose Verdauung garantieren.

Diese reinigende Wirkung des Essigs in unserem Verdauungssystem kann man nicht hoch genug bewerten. Der Mensch ist nicht, was er isst. Er ist eigentlich nur das, was er verdauen kann, sagte der österreichische Arzt F. X. Mayr, der sein Leben in den Dienst der Erforschung von Verdauungskrankheiten gestellt hatte.

Apfelessig kurbelt den Stoffwechsel an

Wenn man essigsaure Speisen vor sich sieht, läuft einem das Wasser im Mund zusammen. Denn allein der Geruch und die Aura des Essigs lassen unsere Speicheldrüsen schon aktiv werden. Im Speichel sind Amylasen, zucker- und stärkezersetzende Enzyme, enthalten, die helfen, Zucker, Kuchen, Brot, Semmeln, Reis oder Kartoffeln besser zu verdauen. Erwiesen ist auch, dass Essig die Bauchspeicheldrüse und die Dünndarmzotten zu verstärkter Produktion von Verdauungssäften anregt.

Das erleichtert die Fett- und Eiweißverdauung. Darüber hinaus weicht Essig schwere Kost auf, was ihre Verarbeitung im Organismus leichter vonstatten gehen lässt. Durch Apfelessig wird also das Verdauen der Speisen gefördert und unsere gesamte Nahrungsumsetzung zwischen Aufnahme und Ausscheidung günstig beeinflusst.

Im übrigen ist Essig nicht nur ein Lebensmittel, sondern auch ein Stoffwechselprodukt unseres eigenen Körpers. Bis zu 100 Gramm Essigsäure stellt unser Organismus täglich her; das ist mehr, als wir mit der Nahrung normalerweise aufnehmen können. Fast alle Energiewechselvorgänge, z. B. bei der Umwandlung von Fetten und Kohlenhydraten, laufen über das Zwischenprodukt Essigsäure, stellte der Biochemiker Adolf Krebs im Jahre 1953 fest. Er erhielt für seine Arbeiten den Nobelpreis für Medizin. Essig ist also kein körperfremder Stoff, sondern unserem Organismus wohlvertraut.

Apfelessig lässt uns nicht sauer werden

In letzter Zeit ist viel von der Notwendigkeit die Rede, auf ein gesundes Säure-Basen-Gleichgewicht im Körper zu achten. Ein Übermaß an Säure bildenden Lebensmitteln wie Zucker, Kaffee, Weißbrot, Fleisch oder Alkohol lässt uns regelrecht sauer werden.

Bei der Verstoffwechselung solcher Speisen und Getränke werden in einem solchen Maß Säuren freigesetzt, dass es zu einer Übersäuerung der Gewebe und Organe und in der Folge zu vielerlei Beschwerden kommen kann.

Biochemiker glauben jetzt zu wissen, weshalb Schwangere bisweilen Heißhunger auf Saures überfällt. Bei der Essigsäuregärung wird ein Stoff namens Pyrrolchinolinchinon erzeugt, eine Substanz, die die werdende Mutter für das Wachstum des Mutterkuchens (der Plazenta) braucht.

Einige Ernährungswissenschaftler sind jedoch der Auffassung, dass es eine derartige Übersäuerung bei ausgewogener Ernährung nicht geben kann, da die im Körper anfallenden Säuren ohne weiteres von den Nieren (z. B. Schwefel-, Harnsäure), den Lungen (Kohlensäure) und über die Schweißdrüsen (Fettsäuren, Aminosäuren) ausgeschieden werden. Voraussetzung dafür ist allerdings, dass man genügend Flüssigkeit zu sich nimmt und dass keine ernsthaften Erkrankungen der zuständigen Ausscheidungsorgane vorliegen.

Essig schmeckt zwar sauer, weil er Essigsäure und in geringen Mengen Zitronen-, Milch- und andere Säuren enthält. Er wirkt im Organismus aber nicht Säure bildend, sondern basisch. Wer zu viele Säurebildner aufnimmt – und das sind gemäß den Übersäuerungstheoretikern die meisten von uns –, erweist seiner Gesundheit mit Apfelessig einen guten Dienst.

Führen Sie Ihrem Körper ausreichend Flüssigkeit zu? Mindestens zwei Liter pro Tag, am besten in Form von Tee ohne Zucker, Mineralwasser, Obst- und Gemüsesäften, auch Kaffee in Maßen ohne Zucker sollten es schon sein.

Apfelessig kann durch seine basische oder alkalische Wirkung das Säure-Basen-Gleichgewicht im Organismus allmählich wieder ins Lot bringen helfen. Zudem verbessert Apfelessig die Leistung der Nieren, indem er die Wasserstoffionenerzeugung normalisiert. Das hilft den Nieren bei ihrer Auscheidungsarbeit, nicht zuletzt bei der Eliminierung von überschüssigen Säuren.

Eine starke Vitamintruppe

▶ **Vitamin A** Wichtig für das Sehen. Rhodopsinmoleküle in unseren Netzhautstäbchen, die für das optische Wahrnehmen unentbehrlich sind, bilden sich nur unter Mitwirkung von Vitamin A. Es schützt Haut und Schleimhäute, stärkt die Immunkräfte und senkt das Krebsrisiko. Außerdem unterstützt Vitamin A das Körperwachstum.

▶ **Vitamin B1** Gilt als Nervennahrung. Es baut Brenztraubensäure ab, die beim Kohlenhydratstoffwechsel anfällt und Störungen im Nervensystem oder der Herzfunktion bewirken kann. Vitamin B1 verhilft zu geistiger Frische und besserem Gedächtnis und es unterstützt die Wundheilung.

▶ **Vitamin B2** Gibt frischen Schwung und macht energiegeladen, denn Enzyme, mit deren Hilfe unsere Körperzellen Energie produ-

Weitere Inhaltsstoffe

Nahezu alles, was sich in Äpfeln findet, geht auch in naturtrüben Apfelessig über.
Er enthält u. a. wichtige Vitamine, Mineralstoffe und Spurenelemente, dazu natürlich Aromastoffe, Essig-, Propion-, Milch- und Zitronensäure, eine Reihe von Enzymen, Aminosäuren und Bioflavonoiden sowie wertvolle Ballaststoffe wie Pottasche und das bereits oben erwähnte Apfelpektin.

zieren, enthalten diesen Vitalstoff. Es unterstützt Muskelaufbau und Muskelaktivität. Rissige Lippen, Augenbrennen oder eine entzündete Zunge sowie Wachstumsstörungen und Magen-Darm-Krankheiten können Anzeichen eines Vitamin-B2-Mangels sein.

▶ **Vitamin B6** Macht widerstandsfähiger gegenüber Infektionen, hilft, unsere Körperzellen mit Glukose (Blutzucker) zu versorgen, stärkt die Nerven gegenüber Stressbelastungen. Es ist unentbehrlich für die Eiweißverdauung; ohne dieses Vitamin kann es zu Eiweißmangelerscheinungen kommen. Vitamin B6 ist wichtig für Frauen nach den Wechseljahren, weil es Knochenschwund (Osteoporose) und Bindegewebsschwäche vorbeugen hilft.

▶ **Vitamin B12** Fördert das Gedächtnis, hellt die Stimmung auf und sorgt für starke Nerven – übrigens stellte man bei 30 Prozent der älteren Alzheimer-Patienten einen Mangel an Vitamin B12 fest. Außerdem ist es wichtig für den Knochenbau.

▶ **Vitamin E** Belebt Herz und Kreislauf, schützt vor freien Radikalen, die das Gewebe »ranzig« werden lassen und das Krebsrisiko erhöhen, beugt Durchblutungsstörungen vor und wirkt entzündungshemmend. Vitamin-E-Mangel kann sich in welker Haut, Altersflecken und ständiger Müdigkeit zeigen.

▶ **Beta-Karotin** Bekämpft freie Radikale, die im Körper Zellschäden hervorrufen und die Ursache vorzeitiger Alterserscheinungen und vieler Krankheiten sind, schützt die Augen vor grauem Star und stärkt die körpereigene Immunabwehr. Wer häufig zu Nahrungsmitteln mit viel Beta-Karotin (dunkelgrünes Blattgemüse oder gelbliches Obst und Gemüse wie Karotten) greift, senkt sein Krebsrisiko.

Kuren mit dem Apfelessigcocktail haben sich bewährt als Vorbeugungs- und Heilmittel bei chronischer Müdigkeit, allgemeinen Erschöpfungszuständen, Schlafstörungen, Wetterfühligkeit, rheumatischen Erkrankungen, Gicht, überhöhten Cholesterinwerten sowie bei allen Beschwerden, die ursächlich auf einen überforderten Darm zurückgehen. Sie eignen sich auch zur Unterstützung von Schlankheits- und Entschlackungskuren.

Äpfel gehören zu den gesündesten Früchten und sind zu allen Jahreszeiten in vielen Sorten erhältlich.

▶ **Rutin (Flavonoid)** Wirkt gefäßerweiternd und durchblutungsfördernd, unterstützt das Abheilen von Krampfadern und Hämorrhoiden, lässt den Körper leichter Vitamin C aufnehmen und macht uns damit widerstandsfähiger gegen Krankheiten. Rutin senkt das Schlaganfallrisiko und ist hilfreich bei Bluthochdruck und hohen Cholesterinwerten.

Flavonoide wie Rutin sammeln sich bevorzugt direkt unter der Haut von Früchten an. Deswegen sollte man Äpfel möglichst nicht schälen.

Mineralstoffe und Spurenlemente

▶ **Bor** Fördert das Größenwachstum, die Knochenbildung und -erhaltung; es reguliert das Zusammenwirken anderer Mineralien.

▶ **Chloride** Chlorid hält den osmotischen Druck der Körperflüssigkeiten aufrecht. Der Chloridgehalt im Körper beträgt etwa 100 Gramm, die hauptsächlich in den Körperflüssigkeiten zu finden sind. Sie regulieren die Gewebespannung; das ist wichtig für die Bildung von Magensäure und damit für die Verwertung der Nahrung. Sie sorgen für eine gesunde Darmflora und beugen so Verdauungsstörungen vor. Kopfschmerzen und Kreislaufstörungen können auf Chloridmangel zurückzuführen sein.

▶ **Eisen** Steigert die körpereigenen Abwehrkräfte, regt die Produktion roter Blutkörperchen im Knochenmark an, beugt Blutarmut vor und sorgt für eine optimale Sauerstoffversorgung der Zellen. Die empfohlene Tageszufuhr liegt bei zehn Milligramm, Schwangere haben jedoch den dreifachen und stillende Frauen den doppelten Bedarf an Eisen.

▶ **Kalium** Entwässert die Zellen und hilft bei der Entgiftung und Entschlackung des Körpers, bekämpft Müdigkeit und Kreislaufbeschwerden, aktiviert die Muskeln, vor allem den Herzmuskel. Kalium ist wichtig für Gewebsspannung und Knochenbildung; es verjüngt die Haut. Der Mindestbedarf liegt bei etwa 500 Milligramm pro Tag.

▶ **Kalzium** Baustoff für feste Knochen und gesunde Zähne, unterstützt die Funktion der Muskeln und Nerven. Kalzium ist wesentlich an der Blutgerinnung beteiligt.

▶ **Magnesium** Zur Aktivierung der Enzyme und Stärkung der körpereigenen Immunkräfte sowie der Herzfunktion; wichtig für den Erhalt der Knochenmasse.

▶ **Natrium** Reguliert den Wasser- und Säure-Basen-Haushalt im Körper, verjüngt das Gewebe und trägt zur Bildung von Magensäure bei. Die Natriummenge in den Körperflüssigkeiten wird durch die Nieren geregelt. Der tägliche Mindestbedarf wird mit 500 Milligramm angegeben; allerdings ist ein Mangel eher unwahrscheinlich: Wir nehmen heute 2 000 bis 5 000 Milligramm pro Tag zu uns.

▶ **Phosphor** Stärkt Knochen und Zähne und ist bedeutsam für die Verwertung von Vitaminen, unterstützt die Leistung der Nieren und Nerven. Phosphor hat eine wichtige Funktion bei der Fettverwertung, im Kohlenhydrat- und Eiweißstoffwechsel.

▶ **Schwefel** Zur Regeneration von Haut, Haaren und Körperzellen, beugt Gelenkerkrankungen vor; für gesunde Fingernägel und ein kräftiges Bindegewebe. Schwefel unterstützt die Entgiftungsarbeit der Leber, schützt vor Krankheitserregern, begünstigt Ausgeglichenheit und eine positive Stimmung.

▶ **Silizium** Hält das Bindegewebe geschmeidig, stärkt Knochen und Knorpel, beugt Hauterkrankungen vor, verhindert vorzeitiges Altern und Arteriosklerose.

Frauen leiden oft unter Eisenmangel, da sie bei der Monatsblutung Eisen verlieren und sich dann schlapp und müde fühlen. Reich an Eisen sind Innereien (Leber, Herz), Austern, mageres Fleisch, grünes Blattgemüse (Mangold, Spinat), Vollkornprodukte und Hülsenfrüchte.

Das Werk von Hefen und Bakterien: Hier wird eine Essigprobe genommen.

So entsteht Essig

Das saure Würz- und Konservierungsmittel Essig ist eine wässrige Lösung von Essigsäure, Farb- und Aromastoffen.

Alkoholische Getränke wie Wein, Bier oder Apfelmost werden sauer, wenn man sie bei ausreichender Wärme eine Zeit lang unverschlossen stehen lässt. Denn der Alkohol in diesen Flüssigkeiten verwandelt sich dabei in Essigsäure.

Die Essiggärung

Antoine Parmentier schrieb dazu im Jahre 1802: »So verdankt man ohne Zweifel die erste Idee zur Bereitung des Essigs der Unaufmerksamkeit einiger Winzer oder solcher Personen, denen die Aufsicht der Weinkeller übertragen war.« Er meinte wohl damit, dass »solche Personen« infolge eines allzu tiefen Blicks in ihre Weinfässer vergessen hatten, die Gefäße wieder zu verschließen. Das Ergebnis war dann schließlich Essig.

Bakterien spielen die Hauptrolle

Lange Zeit war unbekannt, wie sich Alkohol unter Lufteinfluss in Essig verwandelte. Basilius Valentinus aus dem 16. Jahrhundert meinte noch: »Das ist nun eine wunderbare Art einer Transmutation des Weins in Essig, dass ein anderes daraus worden, welches sonsten in seinem vegetabilischen Wesen zuvor dasselbe nicht gewesen.«

Louis Pasteur (1822–1895), Erfinder der nach ihm benannten Pasteurisierung von Lebensmitteln, entdeckte, dass Mikroorganismen, die u.a. auf zuckerhaltigen Früchten oder in der Luft vorkommen, die Umwandlung von Alkohol in Essigsäure bewirken. Allerdings dachte er noch, es handle sich dabei um winzige Pilze. Erst im Jahre 1879 gelang es G. Hansen (1841–1912) nachzuweisen, dass es sich bei die-

Will man feststellen, ob Apfelmost in Gärung übergegangen ist und langsam zu Essig wird, kann man sich eines einfachen Tricks bedienen: Man hält einen hölzernen Kochlöffelstiel kurz in die Flüssigkeit und sieht nach, ob sich etwas Schaum, die sogenannte Essigblume, am Holz ansetzt. Ist das der Fall, so ist die Essiggärung in vollem Gang.

sen Mikroorganismen um Bakterien, genauer um Essigbakterien, handelt. Sie werden Acetobacter (Säurebakterien) genannt und sind etwa ein tausendstel Millimeter groß. Die Forscher Buchner und Meisenheimer konnten schließlich im Jahr 1903 zeigen, dass bestimmte Enzyme, die sich in den Zellmembranen der Essigbakterien finden, den Alkohol zu Essig oxidieren. Anders gesagt: Erst nehmen die Essigbakterien Alkohol und Sauerstoff aus der Luft auf. Der Alkohol geht dann in ihrem Organismus mit Hilfe der Enzyme eine Sauerstoffverbindung ein und wird in Essigsäure und Wasser verwandelt. Anschließend scheiden die Essigbakterien die Essigsäure und das Wasser aus. Nebenbei entsteht bei diesem Prozess Wärme. Chemisch ausgedrückt heißt das: Äthylalkohol plus Sauerstoff gibt Essigsäure plus Wasser plus Wärme. Diese Verwandlung von Alkohol in Essig nennt man Essiggärung. Voraussetzung dafür ist, dass sich in den alkoholhaltigen Flüssigkeiten Essigbakterien entwickeln und ausreichend (Luft-) Sauerstoff für die Arbeit der Bakterien vorhanden ist. Als Faustregel gilt: Aus einem Prozent Alkohol wird etwa ein Prozent Essigsäure. Hat eine alkoholische Flüssigkeit beispielsweise sieben Prozent Alkohol, wird daraus ein Essig mit etwa sieben Prozent Säure. Die meisten handelsüblichen Obstessige weisen fünf bis sieben Prozent Säure auf. Konservierungsmittel und ähnliche Beigaben verhindern die Essiggärung, weil sie die Essigbakterien bekämpfen und absterben lassen. Aus gekauftem Apfelsaft bzw. Apfelmost kann man somit in der Regel keinen Apfelessig herstellen.

Die nötige Wärme

Auch die richtige Temperatur ist wichtig, damit die Essigbakterien, die ja Lebewesen sind, ihr Werk tun können. Die optimale Gärtemperatur beträgt etwa 26 bis 30 °C. Deshalb lagen die »Essigstuben« der Essigbrauer früherer Jahrhunderte immer auf der Südseite eines Hauses. Und im Winter wurden sie mit Öfen beheizt, damit keine Unterkühlung eintrat, was die Essigbakterien geschädigt hätte. Doch auch Temperaturen über 35 oder gar 40 °C lässt die Essigbakterien eingehen und keine Gärung mehr stattfinden.

Wenn sich bei der Essiggärung eine schaumige Haut auf dem Essig bildet, ist das kein Schimmel, sondern die sogenannte Essigmutter, die im Gegensatz zu Schimmel besonders gesund ist.

Kleine Essiggeschichte

Da Essig ohne menschliches Zutun entstehen kann, musste Essig nicht erfunden, sondern gefunden werden. Die Menschheit brauchte nur erkennen, dass das saure Naturprodukt für vielerlei Zwecke taugte. Das passierte schon früh in der Menschheitsgeschichte. Schon im Alten Testament oder im jüdischen Talmud wird Essig lobend erwähnt. Im alten China galt der Essigkrug sogar als Symbol des Lebens.

Ein Geschenk der Natur

Die allerersten Hochkulturen haben bereits den Essig zum Säuern, Zartmachen und Konservieren der Speisen sowie als universelles Haus- und Heilmittel hoch geschätzt. Aber die Herstellung des Essigs war damals noch rätselhaft und stand auch nicht sonderlich hoch im Kurs. Als große Kunst wurde es vielmehr angesehen, zu verhindern, dass beliebte berauschende Getränke wie Wein, Apfelwein oder Bier umkippten und zu Essig wurden. Die Redewendung »Alles Essig« stammt vermutlich schon aus diesen Zeiten; sie besagt, dass ein Vorhaben gründlich danebengegangen ist.

Überall dort, wo die Menschen Weinbau kannten, ergab sich die Herstellung von Weinessig fast von selbst. Und in einem Klima, in dem Äpfel gediehen, entstand mit der Saft- und Mostherstellung auch der Apfelessig.

Hausmittel gegen den Durst

Der ungewollt sauer gewordene Wein war natürlich preiswerter und diente daher den einfachen Menschen als Getränk. Man reichte Schalen mit Essigwasser zum Essen und tunkte das Brot hinein. Im Alten Testament ist im Buch Ruth von in Essig getauchtem Brot die Rede. Dass verdünnter Essig neben Wein eine weite Verbreitung erlangte, ersieht man auch aus der Bibelstelle im 4. Buch Mose, Vers 6.3. Dort steht, dass Männer und Frauen in Zeiten der Enthaltsamkeit »weder Wein noch Weinessig oder Essig von einem starkem Getränk« zu sich nehmen sollten.

Hequa hieß ein Getränk der alten Ägypter vor über 4000 Jahren, das nichts anderes als saures Bier war. Es wurde aus einer rötlichen Gerstenart hergestellt und war nicht nur säuerlich wie z. B. Cidre, sondern richtig essigsauer. Das wurde uns vom griechischen Geschichtsschreiber Herodot überliefert. Noch heute wird Apfelessigwasser in ärmeren Ländern als Durstlöscher süßen Limonaden und Colagetränken vorgezogen. Es wird auch bei uns im Zuge einer gesundheitsbewussten Ernährung gerade wiederentdeckt.

Posca für die Legionäre

Posca war das Essig-Wasser-Gemisch, das die römischen Legionäre täglich auf Befehl ihrer Vorgesetzten trinken mussten. Die Essigbeigabe bewirkt, dass krankheitserregende Keime, die sich in heißen Gegenden häufig im Wasser befinden, teilweise oder ganz vernichtet werden.

Man stellte auch fest, dass die Soldaten weniger anfällig für Erkältungen und ganz allgemein widerstandsfähiger waren. Geschmeckt hat ihnen Posca wohl nicht. Denn mit der Zeit meuterten sie. Die Legionäre verlangten Wein. Die Oberen entsprachen ihrem Wunsch und genehmigten zweimal wöchentlich Wein. Allmählich stiegen die Legionäre von der gesunden Posca ganz auf Wein um. Der Legende nach war dies der Anfang vom Untergang des Römischen Reichs.

Veredeln und Konservieren

Griechen und Römer konnten zwischen verschiedenen Essigsorten wählen. Sie bevorzugten ägyptischen Malzessig, der aus Bier gewonnen wird. Seit dem Altertum kennt man bereits die süßsaure Kombination von Essig mit Honig sowie das Veredeln von Essig mit Gewürzen, Orangen- oder Rosenblüten, herb-würzigem Estragon oder anderen Kräutern.

Der Ackerbauschriftsteller L. J. M. Columella berichtete im 1. Jahrhundert n. Chr. in »De re rustica« ausführlich über die Essigbereitung im alten Rom. Überliefert ist die Herstellung von drei Essigarten. Man bereitete Essig aus Trauben, Feigen und Gerste zu. Mit Meerzwiebeln, Honig, Feigen oder auch Vogelbeeren hat man damals Weinessig verfeinert.

Krankheitsvorbeugend dient Apfelessig vor allem dem Ausgleich ernährungsbedingter Mängel und der Unterstützung wichtiger Körperfunktionen.

In der ältesten erhaltenen, zehnbändigen Rezeptsammlung »De re coquinaria« von Marcus Gavius Apicius, die zur Zeit des Kaisers Tiberius (14–37 n. Chr.) entstand, sind viele Rezepte mit Essig überliefert. Nach römischer Sitte legte man verschiedene Gemüse, Fisch, Muscheln und Eier in Essig ein.

Mit Essig verfeinerte Saucen kannte die römische Küche ebenfalls. Bratfisch hat man durch Übergießen mit Essig haltbar gemacht. Auch war es üblich, Meeresfrüchte, die schnell verderben, für den Transport mit Zucker und Essig zu bedecken. So kamen sie frisch an ihrem Bestimmungsort an.

Heute findet man in den Regalen der Supermärkte ein breites Angebot unterschiedlich gewürzter und aromatisierter Essige.

Ein begehrtes Würzmittel im Mittelalter

Bis weit übers Mittelalter hinaus war Essig die stärkste bekannte Säure. Saure Zitronen gediehen nur in wenigen Ländern. Damals hielten in Europa Straßenhändler, die sogenannten Essigträger, auf ihren mobilen Essigkarren vielerlei Sorten Essig feil, u. a. solche, die mit Trüffeln, Gewürznelken oder Veilchen aromatisiert waren. Es wurde sehr viel Essig an Fleisch- und Fischspeisen sowie Wildbret gegeben, um einen schon leicht fauligen Geschmack zu überlagern – was in

Auch mit Essigriech-fläschchen schnell wieder munter: In Marguerite Gérards Gemälde von 1804 hat eine schlechte Nachricht die Dame in die Knie gezwungen.

Zeiten ohne Kühlung und chemische Konservierung häufig vorkam. Ganz allgemein enthielten Saucen reichlich Essig oder Sauerwein, dazu die – für unseren Geschmack – wildesten Gewürzmischungen. Die Säure des Essigs machte die Speisen länger haltbar, außerdem fettes Fleisch und schwere Getreidegerichte bekömmlicher.

Die heilkundige Klosterfrau des 12. Jahrhunderts, Hildegard von Bingen, empfahl deshalb Essig, aber mit der Einschränkung, »er sollte Gerichten solcherart beigegeben werden, dass er ihnen nicht den Geschmack nimmt«.

Im Mittelalter hat man selbst gebrauten, mit Kräutern und Gewürzen versetzten Essigmixturen sogar magische Kräfte gegen Hexerei, Krankheit, Depressionen und schlechte Laune zugesprochen. Möglicherweise steht die Redensart »Sauer macht lustig« damit in Zusammenhang.

Riechfläschchen mit Essig

Nicht nur in der Küche spielte Essig eine wichtige Rolle. Vornehme Damen früherer Epochen füllten ihn auch in ihre Riechfläschchen. Das säuerliche Aroma sollte die Lebensgeister wieder zurückbringen, wenn sie wegen der stark geschnürten Taillen oder aus Gründen der Contenance in Ohnmacht fielen.

So schrieb die Französin Madame de Sévigné (1626–1696) in einem Brief an ihre Tochter: »Halte stets die Moral fest in den Händen und das Riechfläschchen mit Essig angefüllt unter die Nase, um niemals im Leben Schiffbruch zu erleiden.«

»Räuberessig« gegen die Pest

Ein Weinessig, der mit Honig, Lavendel, Zimt, Rosmarin, Vanille, Kampfer, Muskatnuss, Orangenblüten u. a. – insgesamt 17 – aromatischen Kräutern gewürzt war, erlangte als Räuberessig Berühmtheit. Als um 1720 in der Gegend um Marseille die Pest ganze Landstriche und Ortschaften entvölkerte, soll dieser stark gewürzte Essig Plünderer, die die Wohnungen von Pestkranken und an Pest Verstorbenen

Noch vor wenigen Jahrzehnten wurden alternative Heilmethoden belächelt. Heute feiern z. B. die Lehren der Hildegard von Bingen (1098-1179) ein großes Comeback. Dazu gehört auch das Wissen um die Heilwirkung des Apfelessigs.

19

ausraubten, angeblich vor Ansteckung geschützt haben. Ehe sie sich zum Raubzug aufmachten, rieben sich die »Essigdiebe« mit Essig ein und spülten den Mund damit aus.

Selbst zur Desinfizierung der Pestkranken spielte Essig eine große Rolle. Bei ansteckenden Krankheiten pflegte man Schalen mit Essigwasser ins Krankenzimmer zu stellen. Für Pfleger und Besucher sollte auf diese Weise die Ansteckungsgefahr verringert werden. Auch medizinische Geräte wurden damals mit Essig desinfiziert.

Essig für die Seefahrt

Bis ins 19. Jahrhundert besagten Vorschriften für Schiffskapitäne, dass kein Schiff ohne einen beträchtlichen Essigvorrat in See stechen durfte. Mit Essig wurden regelmäßig die Decks und Kajüten geschrubbt, verdünnten Essig trank die Besatzung, um der Mangelkrankheit Skorbut vorzubeugen, und sogar »Briefe, welche aus Ländern kommen, so wegen ansteckender Krankheiten verdächtig sind, wurden in diese Säure eingetaucht«, wie der französische Essigkenner Parmentier berichtet. Dies diente ihm als Beweis, »dass man zu allen Zeiten den Essig als das sicherste fäulniswidrige Mittel angesehen hat«.

Schon in früheren Jahrhunderten wurde Essig sowohl innerlich als auch äußerlich gegen die unterschiedlichsten Leiden und Krankheiten angewandt.

Ein beliebtes Hochzeitsgeschenk

In Deutschland gewann die gewerbliche Essigsiederzunft erst zu Beginn des 16. Jahrhunderts an Bedeutung. Davor wurde Essig vor allem zu Hause gebraut. Neben Essig produzierten die Essigsieder auch Senf und verschiedene Saucen, ebenso Arzneimittel, die häufig Essig enthielten.

Schon Anfang des 15. Jahrhunderts schrieb ein gewisser Valentinus: »Es kann fast in der Arznei nichts Fruchtbarliches bereitet werden, dazu man des Essigs Hilfe nicht begehren müsste.«

Essig war als Heil- und Würzmittel überaus beliebt und für die Essighändler ein so gutes Geschäft, dass die hessischen Verkäufer erstmals 1553 eine Essigsteuer entrichten mussten. Andere Länder folgten diesem Beispiel.

Essigfass und Essigkrug waren bis ins späte 19. Jahrhundert in jedem Haushalt vorhanden. Der Essigkrug gehörte zur Aussteuer, war ein beliebtes Hochzeits- oder Gastgeschenk für die Hausfrau.

Sauer macht lustig

Wer etwas Saures isst, verzieht normalerweise sein Gesicht. Betrachtet man sich dabei im Spiegel oder stellt man sich vor, wie man dabei aussieht, muss man unweigerlich lachen und ist spontan guter Laune. So erklären sich manche die Redewendung »Sauer macht lustig«.

Die richtige Deutung könnte sein: In früheren Jahrhunderten, als im Winter die Frischkost rar war, zehrte man in den dunklen Monaten von dem, was in Keller und Speisekammer gelagert und eingelegt war. Dann ging es im Wortsinn ans Eingemachte. Und man war recht sparsam mit diesen kostbaren Vorräten, denn man musste ja bis zum Frühjahr über die Runden kommen. Wenn aber ein Fest ins Haus stand – eine Hochzeit, eine Kindstaufe oder ein Jubiläum –, dann wurde aufgetragen, dass sich die Tische bogen, vor allem auch die sorgsam gehüteten essigsauren Früchte und Gemüse. Und bald schon wusste Jung und Alt, wenn es sauer wird, wird gefeiert.

Und wenn sich – vielleicht auch nach allzu heftigem Feiern – ein leichtes Unwohlsein einstellte, konnte man früher nicht immer gleich den Hausarzt holen; auch hier hat man Apfelessig als Allheilmittel eingesetzt. Man sagte, dass Apfelessig als Jungbrunnen die Blüte des Lebens verlängere und ein hohes Alter ohne schmerzhafte Altersbeschwerden verspreche.

Ob als erlesen zubereitete Delikatesse oder als preiswertes Erfrischungsgetränk – Nahrungsmittel auf Essigbasis gibt es schon seit vielen Jahrhunderten in allen gesellschaftlichen Schichten.

Woher die gute Laune kommt

Dass sich der Spruch »Sauer macht lustig« bis auf den heutigen Tag gehalten hat, hängt wohl auch mit der tatsächlich vitalisierenden Wirkung von essigsauren Speisen und Getränken auf den Organismus zusammen.

Man spürt diese Wirkung schon nach wenigen Minuten. Der Stoffwechsel wird auf Touren gebracht, und man ist leichter und heiterer gestimmt als beispielsweise nach schwer verdaulicher Kost.

Edler Essig wird wie guter Wein von Fachleuten kritisch verkostet.

Die Herstellung von Essig

Im Altertum hat man die Essigentstehung einfach sich selbst überlassen. Wein, Obstwein oder andere alkoholische Getränke wurden lediglich in Tonkrügen oder auch Ziegenschläuchen (Fässer kamen erst im Mittelalter auf) an der Luft stehen gelassen. Wenn es warm genug war, wurde daraus mit der Zeit Essig.

Die unterschiedlichen Verfahren

Auf eine Weise, die dem Vorgehen von einst ähnelt, kann jeder versuchen, Essig zu machen. Man füllt eine dickbauchige Flasche etwa zur Hälfte voll mit gärfähigem Apfelmost (vier bis acht Prozent Alkoholgehalt) oder Wein. Der Wein sollte ungeschwefelt sein und etwa im Verhältnis eins zu eins mit Wasser verdünnt werden, damit sein Alkoholgehalt unter zehn Prozent liegt. Diese Flasche muss man vier Tage lang an einem warmen Ort offen stehen lassen. Dann mit einem groben, luftdurchlässigen Stofftuch verschließen und einmal täglich durchschwenken. Nach etwa drei Wochen ist der Essig gediehen.

Fertiger Apfelsaft oder Apfelmost aus dem Supermarkt eignen sich aufgrund von Konservierungsmitteln nicht für die alkoholische Gärung.

Das Orléansverfahren

Essigherstellung im größeren Stil wurde erstmals im 14. Jahrhundert in der Stadt an der Loire betrieben und wird deshalb Orléansverfahren genannt. Im Prinzip kann es noch heute in jedem Haushalt durchgeführt werden. Worauf es dabei ankommt: Der Gärflüssigkeit muss eine möglichst große Oberfläche verschafft werden, damit Luft darüber streichen kann. Die Essigbakterien breiten sich dann auf der Oberfläche der Flüssigkeit aus und bilden eine Art Haut, die man Essigmutter nennt.

Da bei diesem Verfahren die Essiggärung nur an den höher liegenden Stellen stattfindet, muss man darauf achten, die Füllhöhe im Gefäß niedrig zu halten. Sonst kann es passieren, dass sich in den tieferen Schichten keine Gärung vollzieht. Im mittelalterlichen Orléans bediente man sich deshalb großer Holzfässer, die nur zur Hälfte gefüllt wurden. Der nötige Sauerstoff konnte durch Löcher in den oberen Fassteilen hinzuströmen. Eine Beschleunigung der Essigbildung erzielten die Brauer dadurch, dass sie zu 100 Litern fertigem Essig alle acht Tage zehn Liter frischen Wein gossen, bis ein Fass die gewünschte Füllhöhe erreicht hatte. Die kleine Menge zusätzlichen Weins vergor recht rasch. So konnten sie schon ein, zwei Wochen nach dem Befüllen der Fässer fertigen Essig abzapfen und wieder neuen Wein nachgießen. Auf diese Weise blieben die Fässer manchmal 50 oder mehr Jahre in Betrieb.

Das Fesselverfahren

Beim Fesselverfahren werden die Essigbakterien an ein bestimmtes Trägermaterial »gefesselt«, das sich im Gärgefäß befindet. Als Trägermaterial kommen meist Buchenholzspäne oder Maisspindeln (ausgeklopfte und zerteilte Maiskolben) zum Einsatz.

Da diese Materialien eine große Oberfläche aufweisen, lockern sie die Gärflüssigkeit auf und durchlüften sie. Das kommt der Arbeit der Bakterien zugute, die ständig Sauerstoff brauchen. Es gibt verschiedene Fesselverfahren. Einige professionelle Essighersteller arbeiten beispielsweise mit einem sogenannten Frings-Bildner, einem großen Gärgefäß, in dem das Fesselverfahren vollautomatisch abläuft: Temperatur, Füllmenge, Luftzufuhr, Entnahmemenge u. a. werden maschinell gesteuert. Doch auch im eigenen Haushalt lässt sich ein einfaches Fesselverfahren durchführen. Dabei wird ein Gärgefäß zuerst mit (in Wasser gereinigten) Buchenholzspänen oder Maisspindeln zu etwa zwei Dritteln gefüllt. Manche verwenden auch feine Birkenzweige oder getrocknete Weintraubenstrünke. Das ist letztlich Geschmackssache, da jedes Material den Geschmack des Essigs auf seine Weise ein wenig beeinflusst. Probieren geht da über Studieren.

Im deutschen Sprachraum heißt er Apfelmost oder Apfelwein, in der Normandie und Bretagne wird aus den Äpfeln nach dem gleichen Verfahren Cidre gewonnen, und in England und USA ist der eigene Cider begehrt.

23

Die »Mutter des Essigs«

Dann wird etwas alkoholhaltiger, gärfähiger Apfelmost in das Gefäß gegossen, so dass das Trägermaterial gut durchfeuchtet wird und sich ein Bodensatz bildet. Anschließend werden Essigbakterien in das Gefäß eingebracht.

Das geht am besten mit etwas Essigmutter. Als fertige Bakterienkultur bekommt man sie im Fachhandel (Kellereibedarf oder naturbiologische Erzeugnisse) oder direkt von Essigherstellern.

Anschließend wird das Gärgefäß mit Apfelmost (möglichst nicht über sechs Prozent Alkoholgehalt) so weit aufgefüllt, dass das Trägermaterial, an das sich die Essigbakterien geheftet haben, vollständig bedeckt ist. Zum Schluss mit einem groben Leinentuch oder feinem Fliegengitter abdecken. Ab diesem Zeitpunkt sollte man den angegorenen Essig einmal in der Woche abgießen. Optimal wäre es, wenn das Gärgefäß zu diesem Zweck unten einen Abflusshahn hätte. Anschließend den angegorenen Essig erneut in das Gärgefäß bringen, indem man ihn langsam über das Trägermaterial schüttet. Das Umfüllen des angegorenen Essigs ist sehr wichtig, denn es verschafft den Essigbakterien frischen Sauerstoff.

Die Idealtemperatur für die Essigbildung beträgt 26 bis 30 °C. Bei Unterkühlung hören die Bakterien auf zu arbeiten und bei mehr als 35 °C sterben sie ab.

Als Essigmutter bezeichnet man Schaum bzw. Schlieren, die entstehen, wenn Essigbakterien in Apfelmost am Werk sind. Sie wird auch Essigkahm genannt.

24

Erfunden hat dieses Verfahren der niederländische Arzt und Botaniker H. Boerhaave (1668–1738), der abwechselnd mit zwei Gärgefäßen arbeitete, um damit eine stärkere Belüftung der Maische zu erzielen. Wenn der Essig den gewünschten Geschmack erreicht hat, kann man ihn filtern und in dunkle Flaschen abfüllen. Etwa ein Zehntel davon sollte aber im Gärgefäß bleiben, falls man wieder Essig ansetzen will. Man muss dann nur frischen Apfelmost nachgießen und ansonsten verfahren wie zuvor. Ein neuerliches »Beimpfen« mit Essigbakterien in Form von Essigmutter ist nicht mehr nötig, da noch genügend Essigbakterien im Gefäß enthalten sind.

Wenn man immer rasch genug nachfüllt, kann man auf diese Weise sehr lange mit ein und derselben Trägersubstanz arbeiten. Sollte sie allerdings zu stark verschleimen oder sollten die Essigbakterien darauf absterben, muss man die Prozedur von neuem beginnen.

Der immerwährende Essigkrug

Vor Jahrhunderten, als es noch keinen »Supermarkt um die Ecke« gab und vieles selbst hergestellt wurde, betrieben manche einen immerwährenden Essigkrug. Großfamilien, Bauersleute oder Gastwirte, deren Essigverbrauch mitunter beträchtlich war, sicherten sich so eine ständige Versorgung mit Saurem.

J. C. Leuchs hat das Verfahren im Jahr 1863 in seinem Buch »Die Essigfabrikation« ausführlich beschrieben. An einem warmen Ort (z. B. in der Nähe eines Ofens) stellte man zwei größere Gefäße auf, die meistens wie Bierfässer unten einen Zapfhahn hatten. Das erste Gefäß füllte man randvoll mit Essig, das zweite nur etwa zu zwei Dritteln. Beide Gefäße wurden dann leicht zugedeckt. Immer wenn man etwas Essig brauchte, zapfte man ihn vom zweiten, weniger gefüllten Gefäß ab. Dann ersetzte man die verbrauchte Menge, indem man sie vom ersten Gefäß herüberholte.

Jetzt sah man, wie viel man aus dem ursprünglich randvollen Gefäß entnommen hatte. Diese Menge wurde im ersten Gefäß durch »eine essiggebende Flüssigkeit«, also beispielsweise Apfelmost, ersetzt. »Auf diese Weise konnte man«, schrieb J. C. Leuchs, »Jahre, ja Jahr-

Mit dem sogenannten Lackmustest können Sie leicht feststellen, ob es sich um eine saure oder eine alkalische Substanz handelt. Lackmus ist ein blauer Farbstoff, der sich in Säuren rot verfärbt. Sie erhalten entsprechende Teststreifen in jeder Drogerie oder Apotheke.

Früher war die Geschmacksreinheit von Essig oft zweitrangig. Heute rechnet man für die Produktion erlesener Balsamico-Essige mindestens zwölf Jahre Fassreifezeit. Dafür kann ein Zehntelliter auch über 200 DM kosten.

hunderte lang Essig erzeugen«. Allerdings durfte man, entsprechend den Gefäßgrößen, weder zu viel noch zu wenig Essig abzapfen. Entnahm man zu viel, war der Essig noch nicht fertig. Verbrauchte man hingegen zu wenig, wurde der Gärprozess mangels ausreichender Belüftung gestört, und der Essig verdarb.

Für heutige Verbraucher würde sich aber eher ein anderes Problem stellen, nämlich, immer gärfähigen Apfelmost zur Hand zu haben. Dieses Problem war den Erfindern des immerwährenden Essigkrugs wohl noch unbekannt.

Sie haben es mit der Geschmacksreinheit ihres Essigs nicht so genau genommen. Soweit überliefert, hat man in die Krüge jedwede säuernd zersetzbare Flüssigkeit geschüttet, die gerade zur Verfügung stand, egal ob Bier, Wein, Apfelwein oder verdünnten Weingeist. Hauptsache, es wurde herb.

Heute werden manche Essigmütter, vor allem von teuren Weinessigen, wie sakrale Geheimnisse von den Essigherstellern gehütet und seit Generationen immer wieder eingesetzt. Die speziellen Essigbakterien, die auf diese Weise »weitervererbt« werden, entfalten dann immer wieder den gleichen Wohlgeschmack und charakterisieren die jeweilige Besonderheit der edlen Essige.

Auch heute noch werden wertvolle Essige in Holzfässern hergestellt, die einen optimalen Reifeprozess ermöglichen.

Professionelle Gärmaschinen

Bis vor einigen Jahrzehnten bedienten sich die meisten Essighersteller des Fesselverfahrens, wenn sie Essig ansetzten. Auch wenn dieses Verfahren wesentlich schneller zum Ziel führt als beispielsweise die alte Orléansmethode und vor allem in vollautomatischen Gärgefäßen durchführbar ist, hat es doch erhebliche Nachteile. Die Buchenholzspäne in den Gärgefäßen sind oft regelrecht verschlammt, die Temperatur in den Gefäßen ist schwer konstant zu halten, und die automatische Luftzufuhr bereitet auch manchmal Probleme, weil sich die Luft zwischen den Spänen nur unzureichend in der Gärflüssigkeit verteilt. Abhilfe schaffen da die submersen (lateinisch = untergetauchten) Gärverfahren, die heute weitgehend zum Einsatz kommen. Dabei werden die Essigbakterien nicht mehr auf ein Trägermaterial wie Buchenholzspäne aufgebracht, sondern direkt in die Gärflüssigkeit gegeben, also quasi untergetaucht.

Ansonsten bedient man sich nach wie vor eines automatischen Gärgefäßes, meist eines sogenannten Frings-Acetators. Am Boden des Gefäßes sorgt ein Ventilator für die nötige Luftzufuhr und dafür, dass die Maische verwirbelt wird, um den Sauerstoff gut darin zu verteilen. Kühlröhren im Gefäß verhindern zu große Hitze, ein Entschäumer reguliert überschüssige Schaumbildung, und ein Alkalograph misst den Restalkoholgehalt und damit den Vergärungsgrad der Maische. In so einer Gärmaschine ist der Essig schon nach 24 bis 36 Stunden fertig und wird dann mit einer Ausstoßpumpe automatisch abgezapft. Aber immer nur die Hälfte, denn die verbleibende Hälfte wird von neuem mit frischer Maische versetzt, bis das Gärgefäß wieder gefüllt ist. In Abhängigkeit von der Größe einer solchen Gärmaschine können damit täglich bis zu 600 Liter Alkohol zu Essig vergoren werden.

Essig ist chemisch gesehen eine wässrige Lösung von Essigsäure, Farb- und Aromastoffen, die durch einen natürlichen Gärungsvorgang unter Beisein von Essigbakterien entsteht.

Synthetischer Essig

Essigsäure wird auch künstlich produziert, beispielsweise durch katalytische Oxidation von Azetaldehyd, einer farblosen Flüssigkeit aus der Erdölchemie. Allerdings wird dabei reine Essigsäure gewonnen, die stark ätzend wirkt und deren Verzehr lebensgefährlich ist. In verdünnter Form ist sie im Handel als sogenannte Essigessenz erhältlich. Sie enthält noch 25 Prozent Essigsäure; ansonsten besteht sie aus Wasser. Man verwendet sie zum Putzen, Entkalken und Desinfizieren. Wenn man diese Essigessenz noch einmal mit der vierfachen Menge Wasser aufgießt, hat man einen normalen Essig mit fünf Prozent Säureanteil. In dieser Konzentration ist die Flüssigkeit zum Verzehr geeignet und kann zum Würzen und Kochen verwendet werden. Die synthetische Essigsäure verfügt aber nicht über die wertvollen Inhalts- und Geschmacksstoffe eines guten, naturreinen Essigs.

Eine 0,75-Liter-Flasche guten, naturtrüben Apfelessig bekommen Sie für vier bis fünf DM im Reformhaus, z. B. Beutelsbacher Apfelessig (Demeter), Original Hensel Apfelessig oder Apfelessig von Schneekoppe.

Apfelessig selbst ansetzen

Was man braucht, wenn man zu Hause Apfelessig ansetzen will, ist nicht viel: ein Gefäß, eine bauchige Flasche oder einen Steinkrug und Apfelwein bzw. alkoholhaltigen Apfelmost. Mit etwas Glück geschieht dann alles Weitere fast wie von selbst. Der eigentliche Spaß am Apfelessigmachen ist die Bereitung des Mosts. Denn dabei zeigt sich, woraus der Essig besteht, der täglich konsumiert wird. Man kann dann sicher sein, dass er nicht aus minderwertigen Apfelabfällen, verschmutztem oder zu stark behandeltem Obst hergestellt ist. Auch chemische Zusätze wie Konservierungsstoffe, Farbstoffe, Schwefel sollten sich im eigenen Most bzw. Essig nicht finden. Solche Zusätze bringen Großhersteller normalerweise zum Einsatz, um ihre Produkte schöner und haltbarer zu machen. Was dann sehr haltbar ist, hat leider auch weniger wertvolle Inhaltsstoffe, vor allem weniger Pektin. Zudem ist unser Organismus ohnehin schon derart stark mit chemischen Zusatzstoffen belastet, dass wir bei den kleinen Mengen Apfelessig, die wir täglich brauchen, eigentlich nur den besten, den eigenen, nehmen sollten. Es gilt: je besser die Äpfel, desto besser der Most. Je besser der Most, desto besser der Essig. Alle Inhaltsstoffe unserer gesunden Äpfel gehen ja in Most und Essig über, wenn man sie nicht chemisch zerstört oder vollständig herausfiltert. Mit Ihrem Apfelmost haben Sie so ein natürliches, gesundes Produkt.

Die Auswahl der Äpfel

Äpfel sind natürlich die Grundlage des Apfelessigs. Deshalb ist es wichtig, die Äpfel sorgfältig auszuwählen. Zur Mostbereitung eignen sich u.a. Hauxapfel, Boskop, Cox Orange, Alkmene, McIntosh und die sogenannten Mostäpfel.

Solche Sorten zeichnen sich durch hohen Zucker- und Säuregehalt aus, was zum einen die alkoholische Gärung begünstigt und zum anderen den Säuregehalt des Mosts steigert. Aber man muss es bei der Wahl der Sorten nicht allzu genau nehmen. Ein paar »Holzäpfel« daruntergemischt sollen angeblich Glück bringen und enthalten vielleicht zusätzlich wertvolle Wirkstoffe.

Wichtig ist vor allem, dass die Äpfel aus biologisch-dynamischem Anbau stammen, also nicht mit Kunstdünger oder chemischen Schädlingsbekämpfungsmitteln behandelt wurden, dass sie vollreif sind, aber noch keinesfalls angefault.

Mancher denkt, für Apfelsaft oder Most kann man ruhig schadhaftes Obst verwenden. Das Gegenteil ist der Fall. Fachleute raten sogar, einzelne Faulstellen nicht wegzuschneiden, sondern immer gleich die ganze Frucht zu entsorgen, da der Fäulnisprozess längst die gesamte Frucht befallen hat, auch wenn man es nur an einer Stelle sieht. Man darf ausschließlich makellose, vollreife Frischware verwenden. Fäulnisbakterien, Schimmelpilze und andere Keime könnten sonst den wertvollen Presssaft verderben.

Äpfel sollte man niemals luftdicht in Plastiktüten aufbewahren. Die erfahrenen Apfelbauern transportieren ihre Fracht immer auf zugigen Holzpritschen, in Steigen, Flechtkörben oder grobmaschigen Säcken.

Die gebotene Hygiene

Hat man sich vollreife Mostäpfel besorgt, die angefaulten und überreifen Früchte aussortiert, geht es ans Säubern. Dieser Punkt sollte ausreichend beachtet werden, denn aus verschmutztem Obst wird kein guter Most. Daher also die Äpfel mehrmals hintereinander gründlich waschen.

Auch die Saftpresse und alle anderen Gefäße, die später zum Einsatz kommen, sollten hygienisch absolut einwandfrei sein. Manchen ist der Apfelmost allein dadurch verdorben, dass er bei der Herstellung nicht penibel genug auf die nötige Reinlichkeit geachtet hat.

Wählen Sie für Ihre Essigherstellung hochwertige, ungespritzte Äpfel aus biologischem Anbau.

Versaften

Im nächsten Schritt werden die Äpfel versaftet. Dazu braucht man eine Saftpresse. Die Großhersteller bedienen sich hydraulischer Geräte. Für den Hausgebrauch tut es auch eine einfache Küchenmaschine, ein elektrischer Entsafter oder eine Handpresse. Grundsätzlich gilt: Je reifer die Äpfel sind, desto grober darf der Presssaft sein.

Äpfel sollte man am besten immer kühl lagern. Bei ca. 12 °C bleiben sie monatelang frisch.

Wenn Sie Ihrem fertigen Saft einen Teil der ausgepressten Apfelrückstände wieder zugeben, wird er reicher an wertvollen Inhaltsstoffen. Der Apfelmost ist ein erfrischendes, bekömmliches Getränk. Aber Achtung, so leicht er sich trinkt, seinen Alkoholgehalt darf man nicht unterschätzen.

Zu beachten ist auch, dass keine Eisenteile mit dem Saft in Berührung kommen dürfen, es sei denn, es handelt sich um rostfreien Stahl oder um mit lebensmittelechter Farbe behandeltes Material. Am besten eignen sich zum Auffangen des Safts Glas- oder Steingutbehälter. Außerdem ist es wichtig, die Obstflüssigkeit rasch zu Most weiterzuverarbeiten. Wenn der Saft länger als einen Tag stehen gelassen wird, können sich Fäulnisbakterien oder Schimmelpilze einnisten.

Vergären

Nun muss man eine alkoholische Gärung in Gang bringen – hierfür ist Hefe zuständig. Mit ihrer Hilfe wird Zucker (der in den Äpfeln enthalten ist) in Alkohol verwandelt. Nebenbei entstehen bei diesem Prozess das Gas Kohlendioxid (CO_2), Wärme und einige Nebenprodukte wie das süße Glyzerin, das dem Most einen reicheren Geschmack verleiht. Der Zuckergehalt der Mostäpfel bedingt später den Alkoholgehalt des Mosts. Hefe, genauer gesagt einzellige Hefepilze, existieren ganz natürlich auf Äpfeln und anderen Früchten und verbreiten sich auch in der Luft. Wenn man allerdings allein darauf wartet, dass durch diese natürlichen Vorkommen Alkohol entsteht, dann überlässt man das Vergären dem Zufall – und das führt nicht immer zum Erfolg. Deshalb sollte man Hefe in Form sogenannter Trockenreinzuchthefen (Saccaromyces cerevisiae) zugeben. Sie sind im Fachhandel für Kellereibedarf für wenig Geld erhältlich. Als Faustregel gilt: ein Gramm Hefe auf fünf Liter Most. Das Wachstum der Hefepilze ist temperaturabhängig. Ideal für die alkoholische Gärung sind etwa 18 °C, mindestens müssen 10 °C und höchstens dürfen etwa 55 °C herrschen. Für kalte Kellerräume kann man sich auch Kaltgärhefen besorgen, die schon ab 6 bis 7 °C ihr Werk tun.

Wer keine Hefe zukaufen möchte, kann es auch mit etwas Brot versuchen. Einige Scheiben davon oben auf die Flüssigkeit legen, und mit etwas Glück läuft die alkoholische Gärung dann ebenfalls ab, denn im Brot ist ja auch Hefe enthalten. Es muss aber frisch sein, sonst besteht die Gefahr, dass sich Schimmel im Most bildet.

Das Gärgas entweichen lassen

Die Hefen mögen bei ihrer Arbeit keinen frischen Sauerstoff, und der Most soll vor schädlichen Mikroorganismen geschützt werden. Also muss das Gärgefäß zunächst luftdicht verschlossen werden. Doch gleichzeitig entsteht bei der alkoholischen Gärung das sich ausbreitende Gas CO_2. Man muss also eine Vorrichtung haben, die keine Frischluft hinzutreten, aber Gas entweichen lässt.

Solange die Bakterien den Alkohol umwandeln, riecht es manchmal nach Klebstoff (Äthylazetat). Sobald der Essig fertig ist, verschwindet der Geruch.

Deshalb verschließen Profis ihre Gärgefäße mit einem Gärspund, der keine Luft hereinlässt, aber das Gas heraus. Als Ersatz kann man einfach einen Luftballon nehmen. Stülpen Sie ihn über Ihr Gärgefäß, und schauen Sie zu, wie das Kohlendioxid ihn mit der Zeit aufbläst. Nach drei bis vier Wochen dürfte der gesamte Zucker im Apfelmost dann zu Alkohol vergoren sein.

Füllen Sie Ihr Gärgefäß nie bis zum Rand. Neun Zehntel sollten das Maximum sein. Bei der Gärung kann Hefeschaum entstehen, der Platz braucht.

Aus Saft wird Most

Wenn man genau wissen will, ob die alkoholische Gärung abgeschlossen ist und sich somit kein Zucker mehr im Most befindet, muss man sich an den Fachhandel für Kellereibedarf wenden. Dort bekommt man einen sogenannten Clinitest, mit dem man den Restzuckergehalt genau ermitteln kann.

Doch das dürfte im Haushalt für ein paar Liter Most zur Essigbereitung wohl nicht nötig sein. Da genügt es, dem Most einfach ausreichend Zeit zur Gärung zu lassen, bei kühleren Temperaturen unter Umständen bis zu sechs Wochen. Übrigens sollten Sie nicht der Versuchung erliegen, Ihr Gärprodukt zu früh zu probieren. Das kann zu heftigen Magen- und Darmproblemen führen.

Damit aus Äpfeln Most, aus dem Most Essig werden kann, müssen die Früchte zunächst einmal zerkleinert und dann in großen Pressen versaftet werden.

32

Der fertige Most

Sollten Sie Ihren Most nicht zu Essig weiterverarbeiten wollen, schöpfen Sie erst den Hefeschaum ab. Dann filtern Sie den Most gründlich (Leintuch, Filtertüten) und füllen ihn anschließend in Flaschen. Bitte vorsichtig verkosten, denn sein Alkoholgehalt kann beträchtlich sein. Wer den Alkoholgehalt exakt bestimmen will, muss wiederum im Fachhandel nachfragen. Dort gibt es die verschiedensten Geräte zur Alkoholgehaltsermittlung wie Vinometer oder Alkoholometer.

Bedenken Sie, dass Ihr hauseigener Most weder pasteurisiert noch mit Konservierungsstoffen behandelt wurde. Er sollte immer gut verschlossen und am besten kühl aufbewahrt werden.

Most und Maische

Für viele ist Apfelmost und Apfelwein dasselbe, nämlich ein alkoholhaltiges Getränk, das aus Äpfeln hergestellt wurde. Kellermeister bezeichnen mit dem Begriff »Most« normalerweise aber nur den trüben Fruchtsaft, in dem sich langsam Alkohol bildet und der erst durch Weiterbearbeitung zu Apfelwein wird.

Für die Essigherstellung ist jedoch nur von Bedeutung, dass das Ausgangsmaterial Alkohol enthält, und nicht, ob es ein genussfertiges Produkt darstellt, wie es ein sauber gekelterter Apfelwein wäre. Somit sind auch in diesem Buch die Begriffe »Apfelmost« (»Most«) und »Apfelwein« gleichgestellt.

Maische nennen die Essigbrauer übrigens jede alkoholische Flüssigkeit, die mit Essigbakterien versetzt wurde und langsam zu Essig wird.

Das Essigmachen

Sobald man Apfelmost hergestellt hat, ist das Essigmachen nur noch ein Kinderspiel. Am einfachsten und sichersten geht es, wenn man Essigbakterien oder Essigmutter im Fachhandel besorgt oder vielleicht aus eigener Produktion zur Hand hat.

Ein Clinitest kostet etwa 35 DM, ein Vinometer etwa 20 DM, ein Alkoholometer rund 30 DM. 100 Milliliter Essigmutter kosten zwischen 10 und 20 DM.

Jetzt muss man vom fertigen Apfelmost den Hefeschaum abschöpfen und den Most samt Apfelrückständen in ein (flaches) Gefäß aus Glas, Plastik oder Steingut geben.

Wichtig ist, dass der Most darin eine große Oberfläche aufweist, um reichlich mit Sauerstoff in Berührung kommen zu können. Dann etwas Essigmutter hineingeben, anschließend mit einem Leintuch – keinesfalls luftdicht! – abdecken und zwei bis drei Wochen an einem warmen Ort stehen lassen. Optimal ist eine Temperatur zwischen 26 und 30 °C. Wenn der Essig fertig ist, filtern und abfüllen.

Wenn Sie keine Essigmutter besorgen und zugeben wollen, wird der Essig aller Wahrscheinlichkeit nach genauso gedeihen, da die Essigbakterien auch von allein kommen. Allerdings dauert das etwas länger. Außerdem ist dann anzuraten, das Gefäß ein- bis zweimal pro Woche leicht zu schütteln bzw. die Maische durchzuschwenken, um besonders anfangs den Essigbakterien genügend Sauerstoff zu verschaffen. Dabei muss man darauf achten, dass die schlierige Haut (Essigmutter), die sich langsam auf der Oberfläche bildet, nicht völlig untergetaucht und erstickt wird.

Für die häusliche Essigproduktion müssen Sie keine Spezialgeräte anschaffen. Wichtig sind aber Geduld und ein bisschen Fingerspitzengefühl.

Tricks der Hobbybrauer

Die Spezialisten unter den Hobbybrauern haben sich eine Reihe von Kniffen einfallen lassen, um der Maische vermehrt Sauerstoff zuzuführen. Manche setzen einfach eine Aquariumpumpe in das Gärgefäß und erreichen so, dass ständig Luftblasen durch die Maische blubbern. Andere gehen einmal täglich mit einer Luftpumpe an die Maische, setzen den Schlauch oder die Öffnung der Pumpe auf den Boden des Gefäßes und pumpen zusätzliche Luft hinein. Das beschleunigt die Essiggärung und lässt den Vergärungsgrad so weit ansteigen, dass im fertigen Essig kaum Restalkohol zu finden ist.

Manche besorgen sich Tropfenzähler, Messpipette und Kalilauge im Fachhandel, um ein Verfahren durchzuführen, das man Titrieren nennt. Damit können sie genau ermitteln, wie viel Prozent Säure der selbst gebraute Essig enthält, ob er stärker oder schwächer als handelsüblicher, fünfprozentiger Obstessig ist.

Doch für den Hausgebrauch ist das nicht nötig, da man schlicht erschmecken kann, wie sauer das eigene Brauprodukt geworden ist. Ein Übermaß an Säure ist nicht zu befürchten, da der Prozentsatz an Säure maximal so hoch sein kann, wie vordem der Prozentsatz an Alkohol im Most war. Eigener Most erreicht höchstens zehn bis zwölf Prozent Alkoholgehalt, normalerweise aber deutlich weniger.

Immer den richtigen Essig

Mit Bekanntwerden der Vermonter Volksmedizin zu Beginn des 20. Jahrhunderts standen zunächst die heilenden, desinfizierenden und stoffwechselanregenden Eigenschaften des Essigs, speziell des Obstessigs, im Vordergrund. Einige Jahrzehnte darauf trugen berufene Köche und Feinschmecker die Kunde von der feinen Würzkraft des dickflüssigen Aceto Balsamico Tradizionale di Modena, des »Königs der Essige«, über die Grenzen Italiens hinaus in die übrige Welt. Damit gewann Essig in ganz Europa auch in der gehobeneren Küche an Bedeutung. Mittlerweile findet man in jedem größeren Supermarkt ein breites Sortiment an Essigen der verschiedensten Geschacksrichtungen und aus vielen Ländern. Jeder ist zur Abrundung eines anderen Gerichts besonders geeignet.

Die Liste unten könnte noch lange fortgeführt werden. Essig ist mittlerweile so beliebt, dass man von einer richtigen Renaissance dieses Würzmittels sprechen kann.

Aceto Balsamico kann in hohen Jahrgängen sogar wie ein Aperitif getrunken werden und ist eine kostspielige Delikatesse.

So schmeckt es richtig gut

▶ Sherryessig für Sauerbraten und Kalbsnieren

▶ Obstessig aus Brombeeren für Rotkohl und Tintenfischsalat

▶ Essig aus alten Rotweinen für Kaninchen und dunkle Saucen

▶ Zitronenessig für Gerichte mit Lachs

▶ Bier- und Knoblauchessig für herzhafte Eintöpfe und Kartoffelsalat

▶ Apfelessig für Fischmarinaden, grüne Sommersalate und viele andere Gerichte

Apfelessig in der Küche

Essig aus Äpfeln ist eine auch beim Kochen sehr vielseitig einsetzbare Zutat.

Das goldbraune, bekömmliche Naturprodukt Apfelessig mit dem geringeren Säuregehalt als normaler Weinessig ist eine echte Bereicherung für die leichte und gesunde Küche.

Der frisch-fruchtige, süßsäuerliche Geschmack des Apfelessigs geht eine harmonische Verbindung ein mit Salaten aller Art, Meeresfrüchten, Fisch, Wild, Kalbs- und Gänseleber, Geflügel, Pasteten, Ragouts, Fruchtdesserts und Obstsalaten. Ein Schuss Apfelessig macht Kohl- und Hülsenfruchtgerichte bekömmlicher. Rheinischer Sauerbraten verdient erst durch Einlegen in Essigbeize seinen Namen. In Apfelessig marinierter Fisch und darin eingelegtes Geflügel werden wunderbar zart und erhalten eine pikant-säuerliche Note.

Wenige Tropfen des sauren Würzsafts runden kalte und warme Saucen, Suppen und Gemüsegerichte vortrefflich ab. In Mayonnaise, Senf, Ketchup und anderen Würzsaucen sowie Chutneys ist Essig ein wesentlicher, geschmacksgebender Bestandteil.

Mit Apfelessig werden bekömmliche Sauerkonserven und alkoholfreie Erfrischungsgetränke hergestellt. Und während man mit Apfelessig würzt, konserviert, einlegt und verfeinert, profitiert man ganz nebenbei Tag für Tag von den stoffwechselfördernden und kräftigenden Eigenschaften des goldbraunen Sauer-Stoffs.

Tip für den Essigkauf: Wenn Sie die Flasche schütteln und gegen das Licht halten, sollten reichlich Schwebeteilchen, die sich aus der Apfelpressung ergeben, aufwirbeln. Dann enthält dieser naturtrübe Obstessig das cholesterinsenkende Apfelpektin und viele Vitamine, Enzyme, Mineralien und Spurenelemente.

Welcher Apfelessig soll es sein?

Die Qualität der Früchte bestimmt die Güte des Apfelessigs und damit auch seinen Preis. Hochwertige Markenprodukte sind stets aus ganzen vollreifen Früchten gewonnen, die zumeist auch aus kontrolliert biologisch-dynamischem Anbau stammen. Zucker wird nicht zugegeben. Die biologische Herstellungsweise durch Essigbakterien garantiert, dass der Essig frei von gesundheitsschädlichen Stoffen ist. Der Säuregehalt des Apfelessigs beträgt in der Regel fünf Prozent. Obstessig von guter Qualität können Sie auch in Naturkostläden, auf

Bauernmärkten oder in den Bioabteilungen der Supermärkte erwerben. Sie kommen meist aus kleineren, nur regional bekannten Essigbrauereien. Billiger Apfelessig wird überwiegend aus Schalen, Stängeln und Kerngehäusen der Äpfel hergestellt, denen unter Umständen noch Apfelsaftkonzentrat beigemengt ist, um den Gehalt an Zucker, somit den Alkoholgehalt und später die Essigsäurekonzentration zu erhöhen. Er wird zudem künstlich behandelt, zu stark gefiltert, erhitzt, destilliert, geschönt oder mit Schwefel und Chemikalien versetzt, was ihn natürlich entwertet.

Edle Tropfen

Für Gourmets werden seit kurzem auch Edelobstessige im Feinkostgeschäft angeboten. Sie stammen meist aus kleinen deutschen, österreichischen oder französischen Familienbetrieben. Sie kosten etwas mehr, aber sie sind ihren Preis wert. Dieser »Edelstoff« wird aus ganzen, qualitativ hochwertigen Früchten von alten Streuobstwiesen gewonnen, ist unpasteurisiert und ohne Zusatz chemischer Konservierungsmittel. Der zugrunde liegende Apfelwein wurde jahrelang in Holzfässern vergoren. Die Palette der Apfelessigfarben reicht von hellem Bernstein über goldgelb bis honigfarben. Erscheint Ihnen der Preis für einen Apfelessig einmal sehr hoch, sollten Sie bedenken, dass ein hochwertigerer Essig umso ergiebiger ist.

Für Edelobstessige in der Halbliterflasche werden in Feinkostläden und Delikatessenabteilungen der Kaufhäuser bis zu 20 DM verlangt. Entscheidend ist hier der persönliche Geschmack.

Raffinierte Aromaessige

Ein aromatisierter Essig ist ein Essig, der mit Knoblauch, Gewürzen, natürlichen Kräutern oder Kräuteressenzen, Zwiebeln, Honig, Früchten, Fruchtsäften oder Beeren angereichert wird und dadurch den jeweiligen Duft und Geschmack erhält. Die Essiggrundlage besteht aus Weinessig oder eben Apfelessig. Apfelessig verleiht ein besonders feines Aroma und eine fruchtige Note. Auch wenn in manchen alten Rezepten Weißweinessig als Essiggrundstoff angeben ist, kann er meist gleichwertig durch gesünderen Apfelessig ersetzt werden.

Auch Essig kann verderben. Daher sollten Sie Essigflaschen nach Gebrauch gut verschließen. Wenn Sie den Essig einmal offen gelassen haben und er sehr trüb wird, können Sie ihn durch ein Tuch abseihen und weiterverwenden. Wenn die Essigflasche länger unverschlossen steht und Luft an den Essig kommt, können weißliche, millimeterlange Fadenwürmer hineingelangen. Essigälchen (Anguillula aceti) gelten aber als harmlos.

Kräuter-, Gewürz- und Fruchtessige sowie Essige aus anderen Aromen werden im Prinzip immer auf die gleiche Weise hergestellt. Die Aromaträger werden mit Essig übergossen und müssen ein paar Wochen lang darin ziehen, bis der Essig das Aroma der Zutaten angenommen hat. Zum Würzen eignen sich Zwiebeln, Knoblauch, Honig, Pfeffer, Peperoni oder Salz.

Wie man Essig aromatisiert

▶ Die Kräuter oder Früchte sollten möglichst frisch und ungespritzt sein; dadurch bekommt der Essig eine schöne Farbe und ein stärkeres Aroma. Für Fruchtaromaessige dürfen auch Tiefkühlfrüchte verwendet werden.

▶ Der Behälter, in dem die Aromatisierung des Essigs erfolgt, sollte aus Glas, Steingut oder Edelstahl sein. Bewährt haben sich krugförmige Gefäße mit großer Einfüllöffnung oder eine weithalsige Flasche. Man kann sie leichter füllen und auch reinigen.

▶ Der angesetzte Essig soll dunkel gelagert werden. Licht kann die Aromastoffe und damit auch den Essig verfärben. Das Gefäß gut verschließen und von Zeit zu Zeit sanft schütteln.

▶ Bei einer mäßig warmen Temperatur um 18 ˚C beträgt die durchschnittliche Ansatzzeit eines aromatisierten Essigs zwischen zwei und vier Wochen. Dies sind aber nur Durchschnittswerte. Ab und zu sollte gekostet werden, ob der Essig den gewünschten Aromatisierungsgrad schon erreicht hat.

▶ Wenn Sie mit dem Aroma zufrieden sind, wird der Essig gefiltert (durch ein ausgekochtes Mulltuch oder Filtertüten gießen) und in Flaschen abgefüllt. Die Flaschen werden zuvor in heißem Wasser sterilisiert. Aromaessige halten sich ein bis zwei Jahre.

▶ Sie sollten Essig immer in Glasgefäßen aufbewahren. Gefäße aus Blech oder Metall sind ungeeignet, da die Essigsäure diese Stoffe angreift und der Essig dann womöglich den Geschmack des Gefäßmaterials annimmt.

▶ Essig möglichst immer kühl und dunkel aufbewahren. In dunkel gefärbtem Glas ist der Essig länger haltbar als in hellem.

Auch für die Augen ein Hochgenuss: Apfelessig lässt sich mit den verschiedensten Kräutern verfeinern.

Würzige Kräuteressige

Zum Ansetzen in Apfelessig sind vor allem Kräuter mit feinem Aroma und heller Farbe geeignet, wie etwa Basilikum, Estragon, Majoran, Melisse, Salbei, Bohnenkraut, Kerbel, Dill oder Thymian.

Will man eine typische Geschmacksnote erzielen, nimmt man für den jeweiligen Kräuteressig nur eine Krautsorte. Bei Mischungen ist darauf zu achten, dass die verschiedenen Kräuter harmonisch aufeinander abgestimmt sind.

Welche Menge an Würzpflanzen Sie verwenden, hängt davon ab, wie intensiv Sie das Kräuteraroma wünschen. Wenn Sie mehr nehmen, darf die Ansatzzeit etwas kürzer sein. Die frischen Kräuter werden nur grob zerkleinert. Sind die Teile zu fein, wird möglicherweise der Geschmack recht dominant.

Hübsch und appetitlich sieht es aus, wenn Sie vor dem Befüllen der Flaschen mit dem fertigen Kräuteressig einen Zweig des aromatragenden Gewürzkrauts mit in die Flasche geben. Das verstärkt mit der Zeit auch das Aroma. Der Zweig muss allerdings vom Essig ganz bedeckt sein, sonst fängt er zu schimmeln an.

Eine schön geformte Flasche mit selbst gemachtem Gewürzessig ist ein willkommenes Gastgeschenk, mit dem Sie dem Gastgeber bei einer Einladung sicher eine Freude machen können.

Essig mit feiner Kräutermischung

Zutaten: je 2 Zweige frischer Thymian, Minze, Rosmarin, Bohnenkraut und Estragon, 1 kleines Stück Sellerieknolle, 1 Petersilienwurzel mit Stängel und Kraut, 5 Schalotten, 1 EL Pfefferkörner, grob geschrotet, 1 l Apfelessig

Zubereitung: Die Kräuter waschen und gut trocknen. Sellerie, Petersilie und Schalotten fein würfeln. Zusammen mit den Kräutern und dem Pfeffer in einen Krug geben, mit Apfelessig übergießen, verschließen und etwa 4 Wochen an einen kühlen Ort stellen. Danach die festen Teile abseihen und den Essig in eine Flasche füllen. Die Flasche verschließen und an einem mäßig warmen, dunklen Ort aufbewahren.

Tip: Sie können auch andere Kräuter verwenden, z. B. Schnittlauch, Liebstöckel, Petersilie, Majoran, Thymian, Oregano (jeweils etwa zehn Gramm). Ein Kräutersträußchen in der Flasche mit dem fertigen Essig macht sich hübsch als Dekoration.

Dillessig

Zutaten: etwa 40 g Dillblättchen, 1 Prise Salz, 1 l Apfelessig

Zubereitung: Den Dill waschen, trockentupfen und in einen Krug geben. Den Apfelessig darüber gießen, salzen, den Krug verschließen und etwa 4 Wochen kühl und dunkel ruhen lassen. Nachdem die Kräuter herausgefiltert sind, ist der Dillessig gebrauchsfertig. Dillessig passt gut zu Gurkensalat.

Tip: Statt Dill können Sie auch die Blättchen von Estragon, Melisse, Minze, Salbei etc. (jeweils ca. 40 Gramm) verwenden.

Estragonessig

Er wird wie Dillessig hergestellt, eignet sich für die Senfzubereitung und ist eine leckere Würze für verschiedene Saucen, insbesondere die Sauce béarnaise und Remouladensauce, für Geflügel, Kalbfleisch und Pilzgerichte sowie für Blatt- und Mischsalate. Zur Geschmacksabrundung kann man den Saft von 1/2 Zitrone zugeben.

Basilikumessig

Zutaten: 60 g frische Basilikumblättchen, 10 grüne Pfefferkörner, 1 Prise Salz, 1 l Apfelessig

Zubereitung: Die Basilikumblättchen waschen und gründlich trockentupfen. Alle Zutaten in einen Krug geben und mindestens 4 Wochen im Dunkeln bei etwa 18 °C ziehen lassen. Sie können beim Umfüllen in Flaschen die Zutaten herausfiltern. Bleiben sie darin, verstärkt sich mit der Zeit das Aroma.

Tip: Dieser Essig wird noch würziger, wenn Sie ihn mit 4 Knoblauchzehen und 1/2 Zwiebel ansetzen, die beim Umfüllen in Flaschen aber abgefiltert werden müssen.

Feiner Knoblauchessig

Zutaten: 10–15 Knoblauchzehen nach Geschmack, 10 Pfefferkörner, 1 l Apfelessig

Zubereitung: Die Knoblauchzehen schälen, halbieren und mit den Pfefferkörnern und dem Apfelessig in einen Krug füllen. Nach 3–4 Wochen die Zutaten herausfiltern. Den Essig in Flaschen füllen.

Tip: Knoblauchessig ist nicht nur eine raffinierte Salatwürze, sondern gibt auch Fisch-, Muschel-, Gemüse- und Fleischgerichten ein feines Aroma – eine zusätzliche Verwendung von frischem Knoblauch erübrigt sich. Er eignet sich zum Marinieren von Fleisch, z. B. Lamm.

Belebender Melissen-Minze-Essig

Zutaten: 1 l Apfelessig, 25 g Pfefferminzblättchen, 25 g Zitronenmelisseblättchen, 1 EL Honig, Schale von 1/2 unbehandelten Zitrone

Zubereitung: Den Apfelessig mit den zerkleinerten Kräutern und dem aufgelösten Honig ansetzen. Wer mag, gibt Zitronenschale dazu. Nach 4–6 Wochen den Essig abfiltern und in Flaschen füllen.

Tip: Dieser Essig hat eine sehr frische Note, ist gut geeignet für sommerliche Blattsalate; ergibt aber auch, verdünnt mit Wasser, ein erfrischendes Getränk.

Pfefferminzessig

Zutaten: 60 g Pfefferminzblättchen, 1 l Apfelessig, 1 Pfefferminzzweig

Zubereitung: Die Pfefferminze mit dem Essig übergießen und 4–6 Wochen ziehen lassen, dann filtern und in Flaschen füllen. Geben Sie einen Pfefferminzzweig mit in die Flasche.

Tip: 1 Glas Wasser mit 2 Teelöffeln Pfefferminzessig und 1 Teelöffel Honig ist das beste Mittel, um eine leichte Magenverstimmung zu beheben. Erfrischend auch in kalten Getränken.

Wenn Sie auch im Winter auf das Aroma frischer Kräuter nicht verzichten möchten, können Sie die Kräuter in Apfelessig einlegen. Der Essig nimmt den Duft der Kräuter auf und gibt ihn an alle Salate und Speisen weiter, denen Sie diesen Essig zufügen.

Intensive Gewürzessige

Geeignete Gewürze für die Herstellung von Gewürzessig sind Ingwer, Nelken, Meerrettich, Kümmel, Peperoni, Pfeffer, Senfkörner oder Zimt. Als Faustregel gilt, dass schärfere Gewürze eine kürzere Ansatzzeit haben; ansonsten wird der Essig zu intensiv. Meerrettich sollte immer mit Honig oder Zucker kombiniert werden, damit der Essig nicht zu scharf wird.

Ingweressig
Zutaten: 1/2 mittelgroße Ingwerwurzel, 1 EL Honig, 1 l Apfelessig
Zubereitung: Ingwerwurzel schälen, grob zerhacken und 2–4 Wochen im Apfelessig auslaugen lassen. Den Honig erst nach dem Abfiltern der Wurzel untermischen, ehe der Essig in Flaschen gefüllt wird.
Tip: Dieser Essig eignet sich vor allem für Gerichte der thailändischen, vietnamesischen und kreolischen Küche.

Besonders gut schmeckt es, wenn Sie zwei oder drei verschiedene Essigsorten beim Anmachen knackig-frischer Sommersalate kombinieren.

Aromatischer Gewürzessig
Zutaten: 2 Zweige Thymian, 1/2 Bund Petersilie, 1/2 Rosmarinzweig, 3 Salbeiblätter, 2 Lorbeerblätter, 5 Pfefferkörner, 1/2 TL Senfkörner, 1 l Apfelessig
Zubereitung: Alle Zutaten in ein Gefäß geben und mit dem Apfelessig übergießen. 2–4 Wochen ziehen lassen; dann filtern und in Flaschen abfüllen.
Tip: Gewürzessig mit so vielen verschiedenen Aromen passt besonders gut zu Blattsalaten, die keinen sehr intensiven Eigengeschmack haben. Er kann aber auch Suppen und Eintöpfen eine ganz besondere Note verleihen.

Kümmelessig
Zutaten: 50 g Kümmel, 50 g Kreuzkümmel, 1 l Apfelessig
Zubereitung: Den Kümmel im Mörser grob zerstoßen und etwa 3 Wochen lang im Apfelessig ansetzen. Dann den Kümmel abfiltern.
Tip: Würzen Sie Krautsalat oder Eintöpfe statt mit Kümmel einmal mit Kümmelessig.

Eine ausgefallenere Zutat für die Essigaromatisierung sind einige Prisen Zimt. Probieren Sie diese eigenwillige Geschmackskombination doch einfach einmal aus!

Pfefferessig

Zutaten: je 15 g grüne und rosa Pfefferkörner, 20 g schwarze Pfefferkörner, 1 Knoblauchzehe, 1 TL Senfkörner (nach Belieben), 1 l Apfelessig

Zubereitung: Pfefferkörner im Mörser zerstoßen, Knoblauchzehe halbieren und 2–3 Wochen (wer mag, mit Senfkörnern) im Apfelessig ziehen lassen. Dann filtern und in Flaschen füllen. Als Dekoration entweder bunte Pfefferkörner oder eine Pfefferschote in jede Flasche geben.

Tip: Alle scharfen Essige eignen sich zum Würzen feuriger Saucen und Suppen (Gulasch-, Bohnensuppe, Chili) sowie zum Marinieren von Grillfleisch.

Meerrettichessig

Zutaten: 150 g geriebener Meerrettich, 30 g Schalotten, 1 Prise Cayennepfeffer, 1 TL Salz, 1 l Apfelessig

Zubereitung: Alle Zutaten in ein Gefäß füllen, etwa 2–3 Wochen durchziehen lassen, dann filtern und in Flaschen füllen.

Tip: Frisch geriebener Meerrettich hat einen hohen Vitamin-C-Gehalt. Der Essig passt gut zu Geflügelsalat.

Es gibt inzwischen spezielle Geschäfte für Gläser und Flaschen. Halten Sie jedoch auch auf Flohmärkten Aussschau nach schönen Exemplaren zum Verschenken.

Essig mit Früchten und anderen Aromen ansetzen

Sie können Essig außer mit Früchten auch mit Orangen- und Zitronenschalen, Honig, Nüssen oder Blütenauszügen (Rosen, Veilchen, Lavendel) aromatisieren. Zarte Blüten sollten länger im Essig verbleiben, damit eine eindeutige Geschmacksnote erzielt wird. Man kann den Essig mit den Aromaträgern auch langsam auf 40 °C erhitzen und so die Ansatzzeit verkürzen.

▶ Fruchtaromaessige dienen vor allem zur Abrundung von Salaten. Auch herzhafte Gerichte oder Süßspeisen können einige Tröpfchen ihres süßlichen Aromas vertragen. Mit Wasser verdünnt und mit Honig gesüßt, ergeben sie ein erfrischendes, kalorienarmes Getränk.

▶ Besonders geeignete Früchte sind Himbeeren, Erdbeeren, Kirschen, schwarze Johannisbeeren, Holunderbeeren, Orangen oder die Säfte anderer Obstarten. Größere Früchte müssen zerkleinert werden, damit ihr Aroma in den Essig übergeht.

▶ Der Essiggrundstoff für Fruchtaromaessig sollte mindestens sieben Prozent Säure aufweisen, da durch den Kontakt mit den Früchten Essigsäure absorbiert wird und andernfalls der Essig am Schluss zu wenig Säure aufweist.

▶ Die Ansatzzeit für Fruchtaromaessige beträgt bis zu acht Wochen. Ob der Essig schon den gewünschten Aromatisierungsgrad hat, sollte durch Verkosten ermittelt werden.

Tannin sorgt auch für die goldgelbe Färbung von zerschnittenen Äpfeln oder von Apfelsaft. In Kontakt mit Luft entwickelt es die typische Gärbräune.

Süßsaurer Apfelessig mit Honig

Zutaten: 50–100 g Honig, 1 l Apfelessig

Zubereitung: Den Honig mit dem Essig verrühren, bis der Honig ganz aufgelöst ist. Es empfiehlt sich, den Essig dazu leicht anzuwärmen. Anschließend den Essig in Flaschen füllen. Vor Gebrauch die Flasche nochmals schütteln.

Tip: Dieser Essig eignet sich zur Abrundung von Obstsalaten und Desserts, aber auch für frische Blattsalate und besonders für alle Gerichte der thailändischen und indischen Küche. Je nachdem, welche Sorte Honig Sie verwenden, verändert sich auch der Geschmack Ihres individuellen Essigs.

Exotischer Rosen- oder Lavendelessig

Essig aus Rosenblüten hat einen leicht bitteren Geschmack und eignet sich sowohl für süßherbe Nachspeisen als auch für asiatische Gerichte. Lavendelblütenessig verfeinert Suppen, Gemüse, Salate und Fleischspeisen, bei denen auch mit Kräutern der Provence gewürzt wird. Rosen- oder Lavendelessig wird wie Veilchenessig hergestellt.

Pfiffiger Veilchenessig

Zutaten: 30–50 g Veilchenblüten, Saft von 1 Zitrone, 1 l Apfelessig, 1 Zimtstange, 1 Prise Zucker

Zubereitung: Die Blütenblätter zerkleinern, in einen Topf geben, mit dem Zitronensaft und 2 Esslöffeln Apfelessig vermischen. Einige Stunden auslaugen lassen, dann erst den restlichen Apfelessig aufgießen. Den Sud sehr langsam auf 40 °C erhitzen, abkühlen lassen und in einen Krug füllen. In den Veilchenessig noch eine zerkleinerte Zimtstange geben (nicht bei Rosen- oder Lavendelblütenessig). Etwa 2–4 Wochen ziehen lassen, dann die festen Bestandteile abfiltern. Wer den Geschmack etwas mildern möchte, gibt 1 Prise Zucker zu. Dann den Essig in Flaschen füllen. Zur Dekoration zuvor einige Blütenblätter in die Flasche geben.

Tip: Veilchenessig ist jahrhundertealt. Er verleiht Torten und Süßspeisen eine besondere Note. Da Veilchenessig schwer erhältlich ist, lohnt es, ihn selbst anzusetzen. Wenige Spritzer davon passen gut in Salate aus essbaren Blüten.

Wenn Sie häufiger feststellen, dass Gläser mit Früchten verschimmeln, war möglicherweise die Essiglösung zu schwach oder Gläser bzw. Früchte wurden nicht ausreichend gereinigt.

Antoine Parmentiers Fliederblüthen-Essig von 1802

»Man sucht die Fliederblüthen in der Zeit des Aufblühens, und reinigt sie, indem man keine Stiele an ihnen läßt, die zum herben Geschmack Gelegenheit geben könnten. Halbgetrocknet werden sie in Essig getan und in einem wohlverstopften Kruge der Sonnenhitze zwei Wochen lang ausgesetzt. Nach Verlauf dieser Zeit wird die Flüssigkeit langsam abgegossen, der Rückstand ausgepreßt und alles entweder durch ein wollenes Tuch oder durch graues Papier filtriert, um es hierauf auf Bouteillen zu füllen, welche gut verstopft und an einem kühlen Orte aufbehalten werden.«

Es ist jedoch besser, den Essig bei etwa 18 °C an einem dunklen Ort ziehen zu lassen, da er sich unter Lichteinwirkung verfärben könnte. Ganz wichtig zu wissen ist auch, dass dieser Essig zwar Fliederblütenessig genannt wird, es werden jedoch die Blüten des Schwarzen Holunders verwendet. In Norddeutschland heißen die Hollerfrüchte Fliederbeeren.

Auf 1 Liter Apfelessig nimmt man also 7–10 Esslöffel frische oder getrocknete Holunderblüten.

Zitronen-Orangen-Essig

Zutaten: 1 Zitrone und 2 Orangen (unbehandelt), 1 l Apfelessig
Zubereitung: Die Zitrusfrüchte schälen und zerkleinern, einige Schalen mit in den Krug geben, den Apfelessig darüber gießen. Wer mag, kann noch 50 g Basilikum- oder Zitronenmelisseblättchen hinzufügen. Den Essig 3–4 Wochen ziehen lassen. Dann abfiltern und in Flaschen füllen. Zur Dekoration gibt man einige Streifen Orangen- und Zitronenschale in die Flasche.

Tip: Dieser blumig schmeckende Essig rundet Süßspeisen und exotische Gerichte ab.

Waldhimbeeren sind geschmacksintensiver als kultivierte Früchte. Sie können Ihren Essig statt mit Himbeeren auch mit Brombeeren oder schwarzen Johannisbeeren aromatisieren.

Himbeeressig

Zutaten: 500 g reife Himbeeren, 1 l Apfelessig, 1 Päckchen Vanillepulver (nach Belieben)
Zubereitung: Die Himbeeren mit dem Apfelessig (und dem Vanillepulver) in einem Krug ansetzen. Wer mag, kann wegen der Farbe etwas frisch gepressten Himbeersaft hinzufügen. 2–3 Wochen lang ziehen lassen, dann filtern, die Beeren dabei gut ausdrücken, und in Flaschen füllen. Zur Dekoration gibt man einige Früchte mit in die Flasche.

Tip: Beerenessige ergänzen leichte Sommersalate geschmacklich.

Essig aus Walderdbeeren

Zutaten: 2 EL Zucker, 1 l Apfelessig, 300–500 g Walderdbeeren
Zubereitung: Erst den Zucker im Apfelessig verrühren, bis er ganz aufgelöst ist, dann den Essig über die Erdbeeren gießen. Es dauert etwa 5 Wochen, bis der Essig den Geschmack der Früchte angenommen

hat. Die Beeren abfiltern und den Essig in Flaschen füllen. Keine Erdbeeren zur Dekoration in die Flasche geben, sie werden mit der Zeit unansehnlich.

Tip: Walderdbeeren haben einen viel kräftigeren Geschmack als Kultursorten, daher sollten Sie hier den wilden Erdbeeren den Vorzug geben.

Apfelessig mit Zimt

Zutaten: 7 Zimtstangen, 200 g Apfel, 200 ml Apfelsaft, 1 l Apfelessig

Zubereitung: Die Zimtstangen zerkleinern, mit dem geschälten, in Scheiben geschnittenen Apfel und dem Apfelsaft verrühren. Apfelessig darüber gießen und 3–4 Wochen ziehen lassen. Dann die Zutaten abfiltern.

Mit Essig einmachen

Essig zählt – neben Salz und Zucker – zu den ältesten Konservierungsmitteln der Welt. Durch den Säuregehalt des Essigs wird die Entwicklung und das Wachstum von Kleinstlebewesen, von Fäulnisbakterien oder Schimmelsporen, verhindert. Viele Mikroorganismen können nur in einem schwach sauren bis neutralen Milieu überleben. Mit Essig behandelte Lebensmittel verderben daher lange Zeit nicht. Außerdem enthält Apfelessig den natürlichen Konservierungsstoff Tannin (beim Zerkleinern der Äpfel quillt er aus den zerquetschten Zellwänden) sowie konservierende Propionsäure. Durch Zugabe von Zucker und Salz beim Einmachen wird die bakterientötende Wirkung des Essigs noch verstärkt.

Man kann eigentlich jedes Gemüse und jede Frucht in Essig einlegen. Die Geschmacksstoffe der eingelegten Früchte und Gemüse, der Kräuter und Gewürze bleiben durch den Essig lange erhalten. Durch die konservierende Essigsäure behalten Früchte und Gemüse weitgehend ihre frische Farbe und ihren Eigengeschmack. Die Säure ist aber nicht nur zum Konservieren wichtig, sondern verleiht in Essig eingelegten Lebensmitteln auch den pikanten, sauren oder süßsauren

Besonders geeignet zum Einmachen sind knackfrische Gurken, Zwiebeln, Maiskölbchen, Bohnen, Blumenkohl, Rosenkohl, Spargel, Karotten, Schalotten, Champignons und Auberginen.

Geschmack. Selbst Eingemachtes ist oft preiswerter als gekaufte Konserven – zumal, wenn man Gemüse und Früchte en gros bezieht oder im eigenen Garten erntet. Ein wenig Zeit nimmt das Einmachen schon in Anspruch, aber es macht auch Spaß, und eine persönliche Note des Eingemachten ist garantiert. Zudem sind selbst eingemachte Essiggemüse oder Essigfrüchte in einem schönen Gefäß als Mitbringsel oder Geschenk stets willkommen. Wer selbst einmacht, kann außerdem sicher sein, dass er keine unbekannten Konservierungsstoffe mitisst.

Sauer eingelegte Gemüse sind eine pikante Beilage zu Fleischgerichten. Süßsauer eingelegtes Obst ergibt einen schnellen Nachtisch.

Zum Verschenken schneiden Sie aus buntem Stoff oder Papier Quadrate etwas größer als den Deckel Ihres Glases aus. Legen Sie das Läppchen flach auf den Deckel – mit einem Bindfaden oder Schleifenband um den Hals des Glases festgebunden, haben Sie Ihr Mitbringsel hübsch verpackt.

Grundsätzliches zum Einlegen in Essig

▶ **Vorbereiten der Gläser** Früher musste man mit Einkochgläsern, Gummiringen, Klammern und großen Dämpfern hantieren. Heute kann man es sich leichter machen – mit Gläsern, die Schraubverschlüsse haben wie Marmeladegläser, dicke Saftflaschen oder Gurkengläser. Metallschraubverschlüsse besitzen in der Regel keine Gummidichtungen, die mit der Zeit porös und durchlässig werden könnten. Die Schraubverschlüsse müssen aber noch unversehrt sein, d.h., man darf beim Öffnen des Glases nicht mit einem Messer o. Ä. nachgeholfen haben. Die Gläser werden vor der Verwendung mit kochend heißem Wasser gründlich gesäubert.

▶ **Frisches, reifes Obst und Gemüse** Wählen Sie zum Einmachen immer reifes, ganz frisch geerntetes Obst oder Gemüse von bester Qualität. Welke Teile oder faule Stellen bitte großzügig herausschneiden, am besten die ganze Frucht aussortieren.

▶ **Putzen** Blüten und Stängel von Obst und Gemüse entfernen. Alles, was man nicht mitisst, kommt auch nicht in die Konserve.

▶ **Waschen** Die Rohware unter fließendem Wasser gut waschen.

▶ **Zerkleinern** Obst und Gemüse je nach Sorte in größere oder kleinere Stücke schneiden.

▶ **Blanchieren** Verwendete Pflanzenteile werden einige Minuten in Wasser gekocht. Bei Gemüse, das blähend wirken kann, wie Bohnen oder alle Kohlarten, darf die Kochzeit länger sein. Das Gleiche gilt für Produkte, die Bitterstoffe enthalten, wie z. B. Artischocken.

▶ **Einlegesud vorbereiten** Wählen Sie immer einen Essig von guter Qualität. Essig zum Einlegen sollte einen höheren Säuregrad, am besten etwa sieben Prozent Säure, haben. Grundsätzlich gilt: Wenn die Essiglösung schwächer ist, hält sich die Konserve weniger lang. Den Essig in einen Topf füllen, je nach Rezept würzen und aufkochen.

▶ **Befüllen der Gläser** Erst wird das klein geschnittene Obst bzw. Gemüse in die Gläser gefüllt. Darüber gießt man den gewürzten und heißen Konservierungssud. Das Einmachgut soll zwei Fingerbreit mit Sud bedeckt sein.

▶ **Ruhen lassen** Die Gläser werden zugedeckt und bleiben einige Tage stehen.

▶ **Abgießen und Wiederaufkochen** Der Sud wird dann abgegossen und nochmals aufgekocht. Den heißen Sud erneut in Gläser füllen. Der Sud sollte das Eingemachte zwei Fingerbreit bedecken.

▶ **Gläser gleich verschließen** Drehen Sie sofort die Schraubdeckel zu, und lassen Sie die Gläser noch fünf Minuten verkehrt herum auf dem Deckel stehen. Wenn Sie beim Einfüllen den Gläserrand verschmieren, bitte vor dem Zuschrauben mit einem feuchten Tuch gut abwischen.

▶ **Aufkleber** Jedes Glas sollte ein Etikett erhalten. Darauf ist der Inhalt des Glases und vor allem das Einmachdatum vermerkt.

▶ **Einwirkzeit** Ehe Sie das Eingelegte verzehren, sollten Sie die Gläser vier bis sechs Wochen lang ruhen lassen.

▶ **Lagerung** Die fertigen Gläser mit dem Eingemachten sollten Sie kühl, trocken und dunkel lagern, am besten im ungeheizten Keller. Das sauer Eingemachte ist so drei bis zwölf Monate lang haltbar. Ist das Glas einmal geöffnet, empfiehlt es sich, den Inhalt bald zu verbrauchen. Das angebrochene Glas bewahren Sie am besten im Kühlschrank auf.

▶ **Kontrolle** Prüfen Sie von Zeit zu Zeit, ob die Essigfrüchte und das Essiggemüse mindestens fingerbreit mit Sud bedeckt sind. Ist das nicht der Fall, dann sollten Sie die Gläser verbrauchen oder etwas Sud kochen und nachgießen. Sie können auch mit Essig oder Öl pur auf-

Die meisten Gemüsesorten enthalten wenig Eiweiß, Fett und Kohlenhydrate, sind also auch kalorienarm. Dafür liefern sie Ballaststoffe und viele wichtige Vitamine und Mineralstoffe wie Eisen, Kalium, Kalzium, Natrium und Phosphor. Kaufen Sie nur frisches, knackiges Gemüse; welkes Gemüse hat schon zu viele Vitamine verloren.

füllen – das konserviert ebenfalls. Hat sich an der Oberfläche des Glases ausnahmsweise etwas Schimmel gebildet, sollten Sie den gesamten Inhalt des Glases wegwerfen, nicht nur die Oberfläche abkratzen. Der Schimmelpilz ist zwar noch nicht überall sichtbar, hat aber bereits die ganze Konserve durchdrungen.

Für den Vorratsschrank

Champignons süßsauer

Zutaten: 750 g frische, kleine Champignons, 1 Tasse Apfelessig, 1 Tasse Zucker, 1/2 Tasse Wasser, 1 TL Salz

Zubereitung: Die Pilze unter fließendem Wasser gründlich abbürsten, 4–5 Minuten in kochendem Wasser blanchieren, dann das Wasser abgießen. Die übrigen Zutaten in einem kleinen Topf unter ständigem Rühren erwärmen und kurz aufkochen lassen. Den Sud abkühlen lassen. Die Pilze in Schraubgläser füllen und den Essigsud darüber gießen, bis alles 2 Fingerbreit bedeckt ist. 2 Tage stehen lassen. Den Sud abgießen; nochmals aufkochen und heiß in die Gläser füllen. Die Gläser zuschrauben und noch mindestens 5 Minuten auf dem Deckel stehen lassen.

Wenn Sie unerwartet Besuch bekommen, bieten eingelegte Gemüse- und Obstsorten eine gute Möglichkeit, Köstliches schnell auf den Tisch zu zaubern.

Honiggurken

Zutaten: 2 kg Schmorgurken, 10 g Ingwerwurzel, 3/8 l Apfelessig, 1/8 l Zitronensaft, 500 g Honig, 2 EL Senfkörner

Zubereitung: Die Schmorgurken schälen, halbieren, die Kerne entfernen und in daumendicke Stücke schneiden. Die Ingwerwurzel schälen und in Scheibchen schneiden. Die restlichen Zutaten mit dem Ingwer in einem Topf vermischen und zum Kochen bringen. Die Gurken portionsweise in dem Sud jeweils 5 Minuten kochen, dann herausnehmen und in Schraubgläser füllen. Den Sud darüber gießen. Die Gläser abdecken. Nach 2 Tagen den Sud abgießen und rasch noch einmal zum Kochen bringen. Dann heiß in die Gläser füllen. Die Gläser sofort verschließen und 5 Minuten auf dem Deckel stehen lassen.

Tip: Honiggurken sind eine feine Beilage zum kalten Kalbs- oder Geflügelbraten am sommerlichen Buffet.

Kürbis süßsauer

Zutaten: 2 kg Kürbisfruchtfleisch, 1 l Apfelessig, 1 kg Zucker oder 500 g Honig, Schale von 2 unbehandelten Zitronen, 1 EL Gewürznelken, 2 Stangen Zimt, 1 Prise Salz

Zubereitung: Den Kürbis schälen und in Würfel schneiden. Apfelessig, Zucker oder Honig, Zitronenschale und Gewürze aufkochen und 10 Minuten auf kleiner Flamme ziehen lassen. Die Kürbiswürfel portionsweise im Sud glasig kochen, dann mit einer Schaumkelle herausnehmen und in Schraubgläser füllen. Den Sud noch einige Minuten köcheln lassen, die Zitronenschale entfernen und den Sud in die Gläser füllen. Die Gläser abdecken. Am nächsten Tag den Sud nochmals abgießen, aufkochen und heiß wieder in die Gläser füllen. Die Gläser sofort verschließen und 5 Minuten auf dem Deckel ruhen lassen.

Tip: Die süßsauren Essigfrüchte passen gut zu gebratenem und gegrilltem Fleisch sowie zu Wildgerichten.

Fenchel süßsauer

Zutaten: 2 Fenchelknollen, 2 Knoblauchzehen, 2 Peperoni, 100 g brauner Zucker, 1/2 l Apfelessig

Zubereitung: Fenchel schälen und klein schneiden, Knoblauchzehen schälen und fein hacken, Peperoni fein würfeln. Alle Zutaten in einen Topf geben und 10 Minuten kochen lassen. In Gläser füllen und über Nacht zugedeckt stehen lassen. Am nächsten Tag den Sud abgießen, nochmals aufkochen, heiß in die Gläser füllen und sofort verschließen.

Tip: Sauer eingelegter Fenchel ist eine sehr gute Beilage zu italienischen Fleisch- und Fischgerichten.

Rote Bete

Zutaten: 1 kg Rote Bete, 1 l Apfelessig, 400 g Zucker, je 1 TL Kümmel und Zimtpulver, 1/8 l Wasser

Zubereitung: Rote Bete schälen und in Würfel oder Scheiben schneiden, Apfelessig erhitzen und den Zucker darin auflösen, die übrigen Zutaten beifügen und 15 Minuten kochen lassen. Heiß in Schraubgläser füllen und sofort verschließen.

Fenchel ist mit Ausnahme von Juni und Juli das ganze Jahr über erhältlich. Die Knollen sind relativ fest, und der dem Fenchel eigene Geschmack ist erfrischend.

Zwiebeln mit Ingwer

Zutaten: 1 kg kleine weiße Zwiebeln, 50 g Meersalz, 1 1/2 l Wasser, 1 mittlere Ingwerwurzel, 1 TL ganze Gewürznelken, 1 TL weiße Pfefferkörner, 600 ml Apfelessig

Zubereitung: Zwiebeln schälen, aber nicht zerkleinern, Salz in 1 Liter Wasser auflösen, Zwiebeln hineinlegen und 24 Stunden darin ziehen lassen. Gelegentlich umrühren. Am nächsten Tag den Ingwer schälen und in dünne Scheiben schneiden. Die Zwiebeln in ein Sieb abgießen und mit kaltem Wasser abspülen. Die Zwiebeln und die Gewürze in Schraubgläser verteilen. Den Essig mit 1/2 Liter Wasser mischen und aufkochen. Heiß in die Gläser füllen und sofort verschließen.

Kirschen süßsauer

Zutaten: 1 kg Kirschen, 1 Zimtstange, 4 Gewürznelken, 1/8 l Wasser, 500 g Zucker, 1/4 l Apfelessig

Zubereitung: Kirschen waschen, entsteinen und in Schraubgläser verteilen, die Gewürze darunter mischen. Wasser, Zucker und Essig aufkochen, abkühlen lassen und in die Gläser füllen. Gläser verschließen und 2–3 Tage ruhen lassen. Dann den Sud abgießen, nochmals aufkochen, heiß über die Kirschen gießen. Die Gläser sofort verschließen.

Marinaden

Das Einlegen von Fleisch und Fisch in Essig »ist ein Verfahren, welches thierische Substanzen bei der größten Hitze des Sommers während einiger Tage sehr gut erhält, und sie gegen ihre natürliche Neigung zur Verderbnis beschützt«, schrieb der Franzose Parmentier. Durch Einlegen in Essigmarinade (Essigbeize) werden Fisch-, Fleisch- oder Wildgerichte darüber hinaus verfeinert, die Säure des Essigs macht die Muskelfasern weich, das Fleisch wird so zarter und der starke Eigengeschmack z. B. von Wild wird gemildert.

Fangfrische Fische werden oft schon auf den Fischereibooten in Essig- und Salzmarinaden eingelegt. Das konserviert sie für den Transport und sie nehmen den säuerlichen Geschmack der Marinade an.

Wild und Rindfleisch, Truthahn, Lamm- und Hammelfleisch sowie Wildschwein eignen sich am besten zum Marinieren; Geflügel und Kalbfleisch sind für längeres Einlegen zu empfindlich. Nur vor dem Braten kurz in verdünnten Essig einlegen, dann wird das Fleisch besonders zart.

Was Sie beim Marinieren beachten sollten

▶ Tiefgekühlte Lebensmittel müssen vor dem Marinieren aufgetaut werden, weil die Marinade sonst natürlich nicht einziehen kann.

▶ Man darf zum Marinieren keine Gefäße aus Kupfer, Eisen oder Messing verwenden, weil der Essig sie angreift und der Geschmack dieser Gefäßmaterialien in die Marinade übergehen könnte.

▶ In die Marinade kommt kein Salz. Gesalzen wird erst bei der Weiterverarbeitung.

▶ Kleinere Fleisch- und Fischteile legt man in eine kalt angerührte Marinade.

▶ Haltbarer und würziger wird die Marinade, wenn Sie sie kurz aufkochen, abkühlen lassen und dann das Mariniergut einlegen. Die Marinade zieht dann auch schneller ein.

▶ Fleisch oder Fisch kann zwischen vier Stunden und fünf Tagen in der Beize ziehen, je nach Rezept, je nach Größe des Braten- oder Fischstücks und je nach Alter des Tieres. Dann das Einlegegut weiterverarbeiten.

▶ Die Marinade sollte zugedeckt und an einen kühlen, dunklen Ort gestellt werden.

▶ Achten Sie darauf, dass Fleisch oder Fisch immer vollständig bedeckt sind. Das Fleisch sollten Sie von Zeit zu Zeit wenden.

▶ Die Marinade hinterher nicht wegschütten, man kann sie gut zum Aufgießen und Abschmecken für Saucen verwenden. Vorher die festen Bestandteile abseihen und eventuell mit etwas Mehl abbinden.

Zum Einlegen in Marinaden eignen sich Steaks, Koteletts, Fischfilets, ganze Fische und Bratenstücke, aber auch verschiedene Gemüse.

Marinade für Fleisch

Zutaten: 1/2 l Apfelessig, 1/2 l Fleischbrühe (wahlweise Weißwein), 1 Petersilienwurzel, 1 Stück Sellerie, 1 Karotte, 2 geschälte Knoblauchzehen, 1 aufgeschnittene Zwiebel, 1 Stück Zitronenschale (ungespritzt), 1/2 TL frischer gehackter Thymian (Salbei, Rosmarin u.a. nach Geschmack), 2 Lorbeerblätter, 1 TL Senfkörner, 1/2 TL frisch gemahlene Pfefferkörner, 5 Wacholderbeeren, 2–3 Gewürznelken, 1 Prise Zucker

Zubereitung: Alle Zutaten in einen Topf geben, gut miteinander vermengen und kurz aufkochen (dadurch wird die Marinade würziger und haltbarer), Marinade abkühlen lassen, dann die Marinade über das Bratenstück gießen.

Marinade für Fisch

Zutaten: 1/2 l Apfelessig, 1 Lorbeerblatt, 1 TL Senfkörner, 5 Wacholderbeeren, 3 Gewürznelken, Zwiebelringe von 1 Zwiebel, 3 EL frischer gehackter Dill, 1/2 TL Koriander, 1/2 l Wasser

Zubereitung: Alle Zutaten in einen Topf geben und kurz aufkochen. Marinade abkühlen lassen, dann den Fisch darin einlegen.

Essigtricks rund um den Fisch

▶ Kochfisch sollte man vor dem Garen 20 Minuten in Essigwasser legen. Das Fleisch bleibt dann appetitlich weiß. Es genügt oft auch, wenn man dem Kochwasser einen Schuss Essig hinzufügt.

▶ Es entsteht weniger Fischgeruch in der Küche, wenn man Fisch vor dem Säubern mit purem Essig übergießt.

▶ Frischen Fisch sollte man in einem mit Apfelessig getränkten Tuch aufbewahren. Das hält ihn länger frisch, und unangenehmer Geruch wird gemildert oder ganz verhindert.

▶ Fisch lässt sich leichter schuppen, wenn man ihn mit Essig übergießt und den Essig einige Minuten einziehen lässt.

▶ Ein Schuss Essig im Kochwasser bewirkt, dass der Fisch beim Servieren nicht so leicht zerfällt.

▶ Ein Tip von Parmentier richtet sich an Fischzüchter bzw. an alle, die sich ihren eigenen Weihnachtskarpfen ziehen. Apfelessig soll verhindern, dass Fische, insbesondere Karpfen, einen modrigen Geschmack annehmen: »Man läßt die Fische, die im süßen Wasser leben, ein wenig dieser Säure verschlucken, wenn man fürchtet, daß sie jenen unangenehmen Schlammgeschmack haben könnten.«

Außerdem sollen regelmäßige Apfelessigzugaben in Aquarien und in kleinen Weihern angeblich bewirken, dass die Fische gesünder und stärker werden.

Marinierte Champignons

Zutaten: 500 g frische Champignons oder andere Pilze, 1/2 Tasse Apfelessig, 1 TL Sojasauce, 1 TL Chilisauce, 1 EL Olivenöl, 1 EL gehackter Ingwer, 3 gehackte Knoblauchzehen

Gesunde Fische (aus gesunden Gewässern) liefern für unsere Ernährung wichtige Nährstoffe: Mit 200 Gramm Fischfleisch wird der Tagesbedarf an tierischem Eiweiß gedeckt; wichtige Vitamine sind vor allem in der Fischleber und im Rogen enthalten.

Zubereitung: Die Pilze halbieren und 5 Minuten in kochendem Salzwasser blanchieren, gut abtropfen lassen. Pilze in Schraubgläser füllen. Alle Zutaten verrühren und die Marinade über die Pilze gießen. Glas verschließen und über Nacht im Kühlschrank marinieren lassen.
Tip: Passt zu Fleisch und italienischen Vorspeisen.

Gemüse in Honigmarinade

Zutaten: 2 kg Gemüse, 400 ml Apfelessig, 1/2 l Wasser, 150 g Honig, 2 Lorbeerblätter, 5 Wacholderbeeren, 2 getrocknete Chilischoten, 1 TL Salz
Zubereitung: Gemüse waschen, putzen und in mundgerechte Stücke schneiden. Essig und Wasser vermischen, erhitzen und den Honig darin auflösen, Gewürze und Salz dazugeben. Das Gemüse in eine Glas- oder Porzellanschüssel geben und mit der Marinade übergießen. Mit einem Tuch bedecken, über Nacht ziehen lassen. Anderntags die Marinade mit dem Gemüse in einem Topf erhitzen und 5 Minuten blanchieren. Gemüse und Sud heiß in Schraubgläser füllen und sofort verschließen.
Tip: Zum Einlegen in Honigmarinade eignen sich z.B. Lauch, Karotten, Kürbis, Selleriewurzeln oder Kohlrabi. Oder probieren Sie es einmal mit Ihrem Lieblingsgemüse.

Marinierte Eier

Zutaten: 1 kleine Ingwerwurzel, 1 l Apfelessig, etwas Salz, 10 g grob geschroteter Pfeffer, 10 g Pimentkörner, 10–12 Eier
Zubereitung: Ingwerwurzel schälen und in feine Scheiben schneiden. Den Apfelessig mit Salz und den Gewürzen erhitzen und 10 Minuten kochen lassen. Vom Herd nehmen und etwas abkühlen lassen. Inzwischen die Eier in Salzwasser 10 Minuten lang kochen, abschrecken, schälen und in ein großes Glas oder einen Steinguttopf schichten. Den abgekühlten Essig durch ein Sieb über die Eier gießen. Den Topf bedecken und etwa eine Woche lang an einem kühlen Ort (Keller oder Speisekammer, nicht im Kühlschrank) stehen lassen.
Tip: Entweder zu einem grünen Salat mit Bauernbrot und Butter servieren oder fürs Partybuffet vorbereiten.

Aus in Essig eingelegten Gemüsen lassen sich köstliche Vorspeisenteller zusammenstellen. Außerdem eignen sie sich als pikante Beigabe zu sommerlichen Grillpartys.

Saucen, Dressings und Salate

Indische Chutneys und Relishes

Im Supermarkt erworbene Chutneys und Relishes sind oft teuer und mit Konservierungsmitteln künstlich haltbar gemacht. Die selbst gemachten Chutneys und Relishes halten kühl gelagert – ohne künstliche Konservierungsstoffe – etwa zwei bis drei Monate.

Chutneys werden in Indien und anderen asiatischen Ländern beinahe zu jedem Essen gereicht. Bei uns sind sie als Beigabe zu gebratenem, gekochtem oder gegrilltem Fleisch, zu kaltem Braten, Wild oder Fondue ebenfalls beliebt. Chutneys sind kalte Saucen aus grob zerkleinertem Obst und Gemüse mit noch größeren Stückchen darin.

Durch Essig und Zucker oder Honig sind sie haltbar, und durch Gewürze bekommen sie ihren typisch pikanten, scharfsauren oder süßsauren Geschmack. Gewürzt wird kräftig mit Ingwer, Nelken, Chili, Zimt u. a. Man kann für Chutneys exotische sowie einheimische Obst- und Gemüsesorten verwenden. Der Phantasie sind keine Grenzen gesetzt. Relishes bestehen aus fein geschnittenem gekochtem Obst und Gemüse, meist mit einer süßsauren Note. Sie sind flüssiger als Chutneys und werden daher oft als Saucengrundlage verwendet. Das Wort »relish« bedeutet übrigens Erfrischung. Man isst Relishes als Beigabe zu Fisch und Fleisch oder als raffinierten Brotaufstrich. Es ist praktisch die asiatische Form der Marmelade. Selbst gemachte Chutneys und Relishes sollten mindestens eine Woche durchziehen, ehe man sie verzehrt.

Apfelchutney

Zutaten: 1 kg säuerliche Äpfel, 300 g rote Zwiebeln, 4 Knoblauchzehen, 3/4 l Apfelessig, 500 g brauner Zucker, 3 EL Salz, 200 g Rosinen, 2 EL gemahlene Senfkörner, 3 EL Ingwer, 1 TL Cayennepfeffer

Zubereitung: Die Äpfel schälen, entkernen und in Stücke schneiden, Zwiebeln und Knoblauch fein würfeln. Den Apfelessig mit Zucker und Salz aufkochen, die Äpfel darunter mischen und kochen, bis sie zu Mus zerfallen, dann mit dem Pürierstab grob pürieren. Die Rosinen unterrühren, mit Senfkörnern und frisch geriebenem Ingwer und Cayennepfeffer würzen, nochmals aufkochen. Heiß in Schraubgläser füllen und verschließen. Anschließend noch mindestens 5 Minuten auf dem Deckel stehen lassen.

Ananaschutney

Zutaten: 1 frische Ananas, 2 Zwiebeln, 2 säuerliche Äpfel, 50 Cashew-kerne, 1/8 l Apfelessig, 250 g brauner Zucker, je 1 Prise Zimt und Curry

Zubereitung: Ananas in Würfel schneiden, Zwiebeln fein würfeln, Äp-fel klein schneiden, Cashewkerne grob hacken. Apfelessig erhitzen, den Zucker darin auflösen, würzen. Früchte und Nüsse vorsichtig ein-rühren und 1/2 Stunde auf kleiner Flamme kochen. Chutney heiß in die Gläser füllen und sofort verschließen. 3 Wochen ziehen lassen.

Tomatenchutney

Zutaten: 500 g Äpfel, 1 kg reife Tomaten, 1 kleine Ingwerwurzel, 1 kleine Zwiebel, 220 ml Apfelessig, 6 EL würziger Honig, 2 EL Ko-rinthen, 1 TL gemahlener Kardamom, 1/2 TL gemahlene Nelken, 2 Prisen Salz

Zubereitung: Äpfel schälen, entkernen und klein schneiden, Tomaten zerkleinern, Ingwer schälen und in Scheibchen schneiden, Zwiebel fein würfeln. Alle Zutaten in einem Topf erhitzen und ca. 50 Minuten auf kleiner Flamme kochen lassen. Chutney heiß in Schraubgläser fül-len, sofort verschließen und einige Wochen wegstellen.

Während das Chutney kocht, können die Gläser vorbereitet werden. Gut geeignet sind kleine Kon-fitüren- oder Einweck-gläser. Sie werden gründ-lich mit Spülmittel gerei-nigt und mit möglichst heißem Wasser nachgespült.

Feigenchutney

Zutaten: 1 kg Orangen, 4 frische Feigen, 50 g Haselnüsse, 300 g brau-ner Zucker, 1/4 l Apfelessig

Zubereitung: Orangen schälen und in kleine Stücke schneiden, Feigen schälen und in Scheiben schneiden, Haselnüsse hacken. Alle Zutaten in einen Topf geben und 30 Minuten auf kleiner Flamme leise kochen lassen. Heiß in Schraubgläser füllen, sofort verschließen und einige Wochen ziehen lassen.

Chutney aus exotischen Früchten

Zutaten: 1 Ananas, 1/2 Honigmelone, 1 Limone, 2 Kiwis, 1/2 l Apfel-essig, 5 EL brauner Zucker, 1 TL gemahlener Zimt

Zubereitung: Ananas, Honigmelone schälen und würfeln. Limone und Kiwis schälen, dann in Scheiben schneiden. Essig erhitzen und den

Zucker darin auflösen. Alle Zutaten dazugeben und etwa 10 Minuten kochen lassen. Heiß in Gläser füllen und sofort verschließen. 3 Wochen ruhen lassen.

Mangochutney

Zutaten: 1 reife Mango, 1 mittelgroßer Apfel, 1 frische Feige, 1/8 l Apfelessig, 150 g brauner Zucker, 2 EL Korinthen, 1 Prise Zimt, 1 Prise Kurkuma

Zubereitung: Mango und Apfel schälen und klein schneiden, die Feige ebenfalls schälen und klein schneiden. Den Essig erhitzen und den Zucker darin auflösen. Alle anderen Zutaten dazugeben und 30 Minuten auf kleiner Flamme kochen lassen. Heiß in Schraubgläser füllen und sofort verschließen.

Tip: Wer es scharf mag (Hot Mangochutney ist eine indische Spezialität), kann noch eine kleine Pfefferschote hineinschneiden.

Gemüsechutney

Zutaten: 500 g rote und gelbe Paprikaschoten, 500 g grüne Bohnen, 500 g Zwiebeln, 500 g Tomaten, 6 Knoblauchzehen, 300 g Zucker, 1/2 l Apfelessig, 2 Lorbeerblätter, 2 TL gemahlener Koriander, 2 TL Fenchelsamen, 1 TL Cayennepfeffer, Salz

Zubereitung: Paprikaschoten waschen, putzen und in kleinere Würfel schneiden, Bohnen waschen, putzen und zerkleinern, Zwiebeln schälen und zerhacken, Tomaten überbrühen, kalt abschrecken, schälen, Stielansätze entfernen und klein schneiden. Knoblauch schälen und fein würfeln. Alle Zutaten in einen Topf geben und aufkochen. Bei schwacher Hitze etwa 60 Minuten garen. Zum Schluss noch einmal abschmecken und heiß in Gläser füllen. Sofort verschließen.

Gurkenrelish

Zutaten: 1 große Salatgurke, 300 g rote Zwiebeln, 200 g brauner Zucker, 1/2 l Apfelessig, 1 TL Dillsamen, 1 EL grüner Pfeffer, 2 EL Senfpulver, etwas Salz

Zubereitung: Gurke schälen, halbieren, wenn nötig entkernen und sehr fein würfeln, Zwiebeln ebenfalls fein würfeln. Gurke und Zwiebeln in einem Topf mit dem Zucker vermischen, Essig, Gewürze und Salz dazugeben und erhitzen. Bei mittlerer Hitze etwa 45 Minuten kochen lassen, bis das Relish ein dickflüssiger Brei ist. Nochmals abschmecken, heiß in Gläser füllen und sofort verschließen.

Relishes haben sich die Engländer aus der Kolonialzeit in ihre Küchen geholt. Sie haben oft Gemüse als Grundlage und enthalten jede Menge Zwiebeln. Sie sind beliebt als raffinierter Brotaufstrich zum Tee. »Very british« ist das Gurkenrelish.

Gesunde Salatdressings

Die meisten Menschen verwenden Essig in allererster Linie zum Anmachen von Salat. 60 Prozent des gekauften Essigs gehen in Deutschland diesen Weg.

Es gab noch nie so viel Auswahl an Salat wie heute: Radicchio, Frisée, Romana, Lollo Rosso, Eichblattsalat, Löwenzahn, Portulak, Batavia, Rucola. Und das sind noch längst nicht alle Sorten, die der grüne Markt uns bietet. Salat ist mehr als nur Beilage, er kann darüber hinaus Vorspeise und Appetitanreger sein, Imbiss, Zwischengang oder – mit Fleisch, Fisch oder Meeresfrüchten kombiniert – ein vollständiges, leichtes Hauptgericht.

Um die vitaminreiche Leckerei abwechslungsreich zu gestalten, kann man bei den Salatmarinaden oder -dressings seine Phantasie spielen lassen. Verschiedene Dressings bringen die Duft- und Geschmacksstoffe der unterschiedlichen Salatsorten und Gewürzkräuter erst voll zur Geltung.

Die wertvollen Inhaltsstoffe des Apfelessigs ergänzen die im Salat enthaltenen Vitamine und Mineralstoffe bestens.

Die klassische Salatsauce ist die Vinaigrette. Vinaigre ist die französische Bezeichnung für Essig. Sie besteht in ihrer Grundform aus Essig, Öl, Salz und Pfeffer (aus der Mühle).

Verfeinert wird die klassische Salatsauce mit frischen oder getrockneten Kräutern, Zwiebeln, Kapern, klein gewürfelten Tomaten, gehackten Gewürzgurken und harten Eiern, Knoblauch, Senf, Zucker oder Ahornsirup etc. Es gibt schwerere Dressings auf der Basis von Mayonnaise oder leichtere, die mit Joghurt, süßer oder saurer Sahne oder Quark angemacht werden.

Die Römer haben den Salat »erfunden«. Sie bezeichneten mit »insalata« ein Gericht aus Kopfsalat, der zusammen mit Bohnen, Dill, Fenchel und Porree in eine Essig-Salzlake eingelegt wurde. Wir haben das lateinische Wort übernommen und daraus Salat gemacht.

Nach einer spanischen Faustregel dürfen folgende Vier bei der Salatzubereitung keinesfalls fehlen: der Großzügige, der reichlich Olivenöl hinzugibt, der Geizige, der den Essig bemisst, der Zurückhaltende, der den Salzstreuer verwaltet, und der Temperamentvolle, der den Salat mit der Marinade gut vermischt.

Klassische Vinaigrette

Zutaten: 2 EL Apfelessig, 6 EL Öl, Salz, frisch gemahlener Pfeffer
Zubereitung: Essig mit dem Salz verrühren, das Öl dazugeben und mit einem Schneebesen unterschlagen. Mit frisch gemahlenem Pfeffer abschmecken. Wer mag, kann dann noch mit Senf, Knoblauch, frisch gehackten Kräutern wie Petersilie, Schnittlauch, Kerbel oder Basilikum verfeinern und variieren.

Vinaigrette mit Kräutern und Kapern

Zutaten: 6 EL Olivenöl, 2 EL Estragonessig (siehe Seite 40), 2 TL Honig, 1/2 TL gehackte Kapern, 1/2 TL fein gewürfelte Zwiebeln, 1 EL frisch gehackte Kräuter (z. B. Basilikum, Fenchel, Dill, Minze)
Zubereitung: Alle Zutaten verrühren und mit dem Salat vermischen.

Klassische Dillsauce

Zutaten: 3 EL saure Sahne, 6 EL frischer gehackter Dill, 1 EL Apfelessig, 1 TL mittelscharfer Senf, 1 klein gehackte Zwiebel, Salz und Pfeffer
Zubereitung: Alle Zutaten verrühren und mit Salz und Pfeffer abschmecken. Oder: 1 Becher Magermilchjoghurt mit 1 durchgedrückten Knoblauchzehe, 1 fein gewiegten Zwiebel, 2 Esslöffeln frisch gehacktem Dill, 1 Esslöffel Apfelessig, 2 Esslöffeln Olivenöl, Salz und Pfeffer verrühren.

Salatsauce mit Estragon

Zutaten: 2 EL Apfelessig, Saft von 1/2 Zitrone, 1 kleine Koblauchzehe (durchgedrückt), 1/2 TL Dijonsenf, 1 EL frisch gehackte Estragonblättchen oder 1 TL getrockneter Estragon, 1 Prise Salz und frisch gemahlener Pfeffer, ca. 100 ml Olivenöl
Zubereitung: Alle Zutaten miteinander verrühren, zuletzt das Öl mit dem Schneebesen unterschlagen. Die Sauce erst kurz vor dem Anrichten mit dem Salat vermischen.
Tip: Diese Salatsauce ist die ideale Ergänzung für eine gemischte Salatplatte, z. B. aus grünen Salaten, Salatgurke, Rettich, Champignons, Paprikaschoten und Frühlingszwiebeln.

Kräuterfrische Salatsauce

Zutaten: 1 Frühlingszwiebel, je 1 EL frisches Basilikum und frischer Dill, 1 hart gekochtes Ei, Saft von 1/2 Zitrone, 1 EL Apfelessig, 1 Prise Salz, gemahlener Pfeffer, 3 EL Olivenöl

Zubereitung: Frühlingszwiebel schälen und würfeln, Kräuter waschen und fein hacken, Ei schälen und klein schneiden, mit dem Saft der Zitrone und dem Essig verrühren, salzen und pfeffern und erst zum Schluss das Öl einrühren.

Tip: Dieses Dressing passt zu Tomaten- und Gurkensalat sowie zu allen Blatt- und gemischten Salaten.

Russische Sauce mit Tofu und Joghurt

Zutaten: 200 g Tofu, 100 ml Magerjoghurt, Saft von 1 Zitrone, 1 EL Apfelessig, 1/2 TL Senfpulver, 1 Prise Nelkenpulver, 1 Prise Cayennepfeffer, 1 Tomate enthäutet, 2 TL Tomatenmark

Zubereitung: Alle Zutaten miteinander vermischen. Im Kühlschrank hält sich die Salatsauce in einem Schraubglas bis zu 1 Woche.

Tip: Statt Mayonnaise enthält diese Sauce Joghurt und Tofu. Das macht sie kalorienärmer und leichter bekömmlich. Sie ist ideal über Blattsalaten, Chicorée, aber auch über Gemüserohkost.

Salatsauce mit Honig auf Grünkohl

Zutaten: 30 ml Apfelessig, 60 ml klarer flüssiger Honig, etwas Zitronensaft, 180 ml Naturjoghurt, 1/4 Kopf Grünkohl, 1 geriebener Apfel, 1 geraspelte Karotte, 1/4 geriebene Zwiebel, 1/2 TL zerstoßene Kümmelkörner, frisch gemahlener Pfeffer

Zubereitung: Apfelessig und Honig in einen Topf geben und erwärmen, bis sich der Honig gelöst hat, Zitronensaft hinzufügen, die Sauce vom Herd nehmen und den Joghurt einrühren.

Gießen Sie diese Salatsauce über eine Mischung aus dem fein geschnittenen Grünkohl, dem Apfel, der Karotte und der Zwiebel, die mit Kümmel gewürzt wurden. Gut vermengen. Zum Schluss mit Pfeffer aus der Mühle bestreuen und über Nacht an einem kühlen Ort ziehen lassen.

Tip: Besonders geeignet für das Weihnachts- oder Silvesterbuffet.

Salatmachen geht zügig von der Hand, wenn man alles, was man benötigt – von der Schüssel über Geräte bis zu den Zutaten und Gewürzen –, bereit hat. »Mis en place« heißt das bei den großen Küchenkünstlern.

Sauce zu Heringssalat

Zutaten: 3 EL saure Sahne, 2 EL Mayonnaise, 1 EL Estragonessig, je 2 EL frischen gehackten Dill und Kerbel, 1 Prise Salz, Pfeffer aus der Mühle, 1 kleine Zwiebel, 1 Essiggurke

Zubereitung: Die saure Sahne gut mit der Mayonnaise verrühren. Den Estragonessig (siehe Seite 40) und die fein gehackten Kräuter zugeben und mit Salz und Pfeffer abschmecken. Mit den vorbereiteten Heringsstücken, der klein gehackten Zwiebel und der gewürfelten Essiggurke gut vermengen.

Tip: Wenn Sie den Salat einige Stunden durchziehen lassen, schmeckt er umso aromatischer.

So wird Ihr Salat besonders schmackhaft

Selbst gemachte Salatsaucen halten sich in einem Schraubglas im Kühlschrank etwa eine Woche lang.

▶ Der Salat sollte möglichst trocken sein, so nimmt er die Marinade am besten an. Nasse Blätter verwässern die Sauce. Geben Sie den Salat vor dem Anmachen in eine Salatschleuder, oder tupfen Sie ihn ab.

▶ Wenn Sie einen aromatischen Essig wählen, sollte das Öl geschmacksneutral sein – und umgekehrt. Ein geschmacksintensives Öl, z. B. Walnussöl, kombinieren Sie mit einem neutralen Essig.

▶ Essig ist keine Würze, die man mit dem Esslöffel zugibt. Mit Essig wird tropfenweise, allenfalls noch mit dem Teelöffel, gewürzt.

▶ Kräuter sollten den Geschmack von Essig und Öl ergänzen, nicht überdecken. Wenn Sie weniger Kräuter verwenden, kommt der Geschmack eines guten Essigs besser zur Geltung.

▶ Ideale Kräutermischungen für Salat sind beispielsweise: Petersilie, Schnittlauch, Estragon, Borretsch und Zitronenmelisse oder Petersilie, Schnittlauch, Pimpinelle, Borretsch, Kresse, Kerbel und Sauerampfer.

▶ Sie können auch eine fertige tiefgekühlte Kräutermischung (Acht Kräuter) nehmen und mit frischer Petersilie anreichern.

▶ Geben Sie erst den Essig zu den Gewürzen, und fügen Sie dann das Öl hinzu. Salatsauce mit einer Gabel oder dem Schneebesen etwas aufschlagen. Erst ganz zum Schluss kommen die Kräuter dazu.

▶ Eine große Salatschüssel erleichtert das Anmachen.

▶ Einen Hauch von Koblauch bekommt der Salat, wenn Sie die Schüssel mit einer Knoblauchzehe ausreiben.

Köstliche Salate

Gesunder Krautsalat

Zutaten: 1/2 Kopf Weißkraut, 1 Karotte, 1/2 Becher saure Sahne, 1 EL Mayonnaise, 2–3 EL Apfelessig, 1 EL Zucker, 1/2 TL Salz, einige Umdrehungen weißer Pfeffer aus der Mühle, 1 Zwiebel (mit der Knoblauchpresse durchgedrückt)

Zubereitung: Den Krautkopf vierteln, in Eiswasser legen und 1/2 Stunde im Kühlschrank lassen; auf diese Weise wird das Gemüse schön knackig. Das Kraut abtropfen lassen, ausdrücken, den Strunk entfernen; das Kraut hobeln oder in feine Streifen schneiden. Die Karotte waschen, fein raspeln und mit dem Kraut vermischen. Eine Salatsauce aus saurer Sahne, Mayonnaise, Apfelessig, Salz, Pfeffer, Zucker und der durchgedrückten Zwiebel anrühren. Die Salatsauce mit dem Kraut gut mischen und noch mindestens 1 Stunde im Kühlschrank ziehen lassen.

Tip: Weißkraut oder Weißkohl wird wegen seiner wertvollen Inhaltsstoffe (u.a. Kalium, Kalzium, Eisen, B-Vitamine, Folsäure und Karotin) auch »der Arzt des kleinen Mannes« genannt. Ein Salat aus Weißkraut passt gut zu allen Fleischgerichten, zu Gegrilltem wie zu Braten. Auch am Salatbuffet oder auf der Salatplatte sollte er nicht fehlen. Mit Apfelessig angemacht, wird er besonders mild und verdauungsfreundlich.

Kartoffel-Tomaten-Salat

Zutaten: 600 g kleine Kartoffeln, Salz, 300 g rote Zwiebeln, 300 g Kirschtomaten, 1 Bund Basilikum, 1/2 TL Sahnemeerrettich, 6 EL Olivenöl, 2–3 EL Apfelessig, 1 Prise Zucker, frisch gemahlener Pfeffer

Zubereitung: Kartoffeln waschen und in der Schale 10 bis 15 Minuten in Salzwasser garen. Zwiebeln schälen und in dünne Längsspalten schneiden, Tomaten waschen und halbieren. Kartoffeln abgießen und schälen, Basilikum waschen und trockentupfen, Blättchen in dünne Streifen schneiden. Basilikum mit den warmen Kartoffeln, Zwiebeln und Tomaten in einer Schüssel anrichten. Aus Sahnemeerrettich, Öl, Essig, Zucker und Pfeffer eine Marinade anrühren und vorsichtig mit dem Salat vermischen. Eventuell nochmals abschmecken.

Zwiebelgeruch an den Händen wird vermieden, wenn man vor und nach dem Zwiebelschneiden die Hände mit verdünntem Essig einreibt. Lästiger Kohlgeruch verschwindet, wenn Sie Kohlgerichten ein bis zwei Teelöffel Apfelessig hinzufügen.

Thunfischsalat mit Eiern

Zutaten: 1 Dose Thunfisch (in Wasser), 1 grüne und 1 gelbe Paprikaschote, 2 Tomaten, 1 Zwiebel, 2 hart gekochte Eier, 1 EL Mayonnaise, 2 EL Apfelessig, Salz und Pfeffer

Zubereitung: Den Thunfisch mit der Gabel zerteilen, Paprikaschoten, Tomaten, Zwiebel und Eier sehr fein würfeln und in eine Schüssel geben. Mayonnaise, Apfelessig, Salz und Pfeffer zu einer Salatsauce verrühren und unterheben. Den Thunfischsalat mindestens 1 Stunde im Kühlschrank ziehen lassen.

Tip: Dieser Salat ist gut vorzubereiten und, in größerer Menge, ein beliebtes Mitbringsel für Feste.

Für ein Salatbuffet brauchen Sie bei acht Personen mindestens drei bis vier verschiedene Salate. Kombinieren Sie Salate, die durchziehen müssen und sich gut vorbereiten lassen, mit frischen Blattsalaten.

Sommersalat mit Hähnchenbrust

Zutaten: 1 Eissalat, 3 Orangen oder 6 Mandarinen, 4 gebratene Hähnchenbrustfilets, 1 Bund Petersilie, 5 EL Sonnenblumenöl, 2 EL Apfelessig, Pfeffer aus der Mühle, Salz

Zubereitung: Den Eissalat vierteln und in Streifen schneiden, die Orangen oder Mandarinen schälen und zerteilen, die Hähnchenbrustfilets in Streifen schneiden, die Petersilienblättchen fein wiegen. Den Salat in einer großen Schüssel anrichten, darüber kommen die Filetstreifen und die Orangenstücke.

Zuletzt das Dressing aus Essig, Öl, Salz, Pfeffer und Petersilie mischen und über den Salat gießen.

Tip: Mit frischem Vollkornbrot haben Sie so schnell eine komplette und schmackhafte Mahlzeit.

Frisch halten mit Apfelessig

▶ Frische Kräuter und Salat bleiben frisch, wenn man sie in ein mit Apfelessigwasser getränktes Tuch rollt.

▶ Spargel bleibt hell, wenn man ihn in ein mit Apfelessigwasser getränktes Tuch wickelt. Man sollte ihn jedoch noch am gleichen Tag zubereiten.

▶ Geflügel hält sich länger, wenn man es in einem in Apfelessigwasser getränkten Tuch im Kühlschrank aufbewahrt.

▶ Parmesan hält sich länger, wenn man ihn in Essig getränktes Tuch wickelt.

Heringssalat nach Hausfrauenart

Zutaten: 4 Heringsfilets, 1–2 Äpfel, 2 große Essiggurken, 2 Zwiebeln, 1 Becher saure Sahne (oder 1/2 Becher Sahne plus 1/2 Becher Joghurt), 3–4 EL Mayonnaise, 1–2 EL Apfelessig, 2 TL Senf, 1 Prise Zucker, 1 Packung Dill (tiefgekühlt)

Zubereitung: Heringsfilets, Äpfel, Essiggurken und Zwiebeln in Würfel schneiden. Aus saurer Sahne/Joghurt, Mayonnaise, Apfelessig, Senf, Zucker und Dill eine Marinade rühren, mit den Zutaten mischen und nochmals abschmecken. Den Salat kalt gestellt mindestens 1 Stunde ziehen lassen.

Tip: Dieser Heringssalat ist im Nu gemacht und ergibt mit Pellkartoffeln eine komplette Hauptmahlzeit. Dazu passt ein Glas Bier.

Geflügelsalat mit Orangen und Ananas

Zutaten: 500 g gekochtes Geflügelfleisch ohne Haut und Knochen, 3–4 Scheiben Ananas aus der Dose, 2 Orangen, 2 Bananen, 2 hart gekochte Eier, 50 g Walnüsse. 2–3 EL Apfelessig, Salz, etwas Zucker, 2–3 EL entfettete Geflügelbrühe, 2–3 EL Mayonnaise, 2–3 EL Sahne

Zubereitung: Das Geflügelfleisch in kleine Würfel oder Streifen schneiden. Ananas und Orangen in Streifen, Bananen in Scheiben schneiden, Eier und Walnüsse grob hacken. Alles mischen. Beim Anrühren der Marinade – aus Apfelessig, Salz, Zucker und Brühe – Mayonnaise und Sahne noch aussparen, den Salat mit der Marinade begießen, einige Zeit ziehen lassen. Danach die Mayonnaise mit der Sahne verrühren und dem Salat untermischen. Mit Orangen- und Ananasscheiben und grünen Salatblättern garnieren und kalt stellen.

Tip: Apfelessig harmoniert ausgezeichnet mit zartem Geflügelfleisch und mit Obst. Dieser Geflügelsalat ist eine köstliche Vorspeise und sollte auf keinem kalten Buffet fehlen. Dazu reicht man am besten Baguette oder Toast.

Geflügelsalat mit Spargel und Champignons

Zutaten: 500 g gekochtes Geflügelfleisch, 125 g gekochter Schinken (gewürfelt), 250 g gekochter Spargel (in 2–3 cm langen Stücken), 125 g gedünstete Champignons (geviertelt)

Tip: Wenn es schnell gehen soll, kann man anstelle des gekochten Geflügelfleischs auch ein fertig gegrilltes Hähnchen vom Metzger verwenden.

Zubereitung: Alle Zutaten mischen wie beim Geflügelsalat mit Orangen und Ananas; marinieren und zum Schluss mit Mayonnaise und Sahne verfeinern.

Tip: Sie können auch Champignons und Spargel aus der Dose verwenden. Garniert wird mit Vierteln von hart gekochten Eiern, Spargelstückchen, Essiggurken, Tomatenscheiben und Petersilie.

Bunter Bohnensalat

Zutaten: 250 g Bohnenkerne (z. B. Mungobohnen, Azukibohnen, weiße Bohnen, braune Bohnen, Feuerbohnen, Kidneybohnen etc.), 1 1/2 l Wasser, 1 Bund Suppengrün, Salz, 5 EL Olivenöl, Apfelessig, 1 Zwiebel, 1 Knoblauchzehe, 1 Bund Petersilie

Zubereitung: Verschiedene Bohnenkerne über Nacht in Wasser einweichen, am nächsten Tag das Suppengrün zusetzen und weich kochen (etwa 1 1/2 Stunden). Geben Sie 1 Schuss Apfelessig ins Kochwasser, so werden die Bohnen schneller weich. Salz erst ganz zum Schluss hinzufügen, wenn die Bohnen bereits gar sind.

Die Bohnen noch eine Weile ziehen lassen, ehe Sie das Kochwasser abseihen und auffangen. Sie können es für eine Gemüsesuppe weiterverwenden, aber nicht, wenn blausäurehaltige Limabohnen enthalten sind. Würzen Sie die Bohnen mit einem Dressing aus Olivenöl, Apfelessig, fein gehackter Zwiebel, dem zerdrückten Knoblauch, der fein gehackten Petersilie und etwas Salz. Für den Bohnensalat sollten die Bohnen noch warm mit der Salatsauce vermengt werden, damit sie die Gewürze gut aufnehmen können.

> **Getrocknete Bohnen sind wegen ihres hohen Gehalts an pflanzlichem Eiweiß, Ballaststoffen und Vitaminen besonders wertvoll.**

Bekömmlicher mit Apfelessig

▶ Eintöpfe aus Hülsenfrüchten und Kohlgerichte werden durch einige Teelöffel Apfelessig viel besser verträglich.

▶ Einige Spritzer Apfelessig im Frittieröl bewirken, dass frittierte Lebensmittel nicht so viel Fett aufsaugen und damit leichter bekömmlich werden.

▶ Mit Hilfe des Essigs wird faserige Zellulose – z. B. in Kohl, Sellerie, Grünkohl, Brokkoli – besser verdaut. Man kann damit Blähungen vorbeugen.

Salat Niçoise

Zutaten: 100 g grüne Bohnen, 1 grüner Salat (Kopfsalat oder Eissalat oder verschiedene Salatsorten nach Belieben), 1 kleine Dose Thunfisch (in Wasser), 1 kleine Dose Anchovisfilets (oder Sardellenfilets), 2 hart gekochte, geviertelte Eier, 1 in Ringe geschnittene Zwiebel, 4 geviertelte Tomaten, 12 schwarze Oliven, 1 in dünne Streifen geschnittene Paprikaschote, Vinaigrette mit Kräutern und Kapern (siehe Seite 60), 1 Schachtel Gartenkresse

Zubereitung: Die Bohnen 10 Minuten in Salzwasser garen und abkühlen lassen, Salat waschen, trocknen und in eine große Schüssel geben oder auf Tellern anrichten und mit der Hälfte der Vinaigrette beträufeln. Alle Zutaten auf den Salatblättern anrichten und mit restlicher Vinaigrette beträufeln. Die Gartenkresse darüber verteilen. Sofort servieren.

Senf und Mayonnaisen

Es gibt vielerlei Senfsorten, und in allen ist Essig ein wesentlicher Bestandteil. Auch guter Senf wird relativ preiswert angeboten, aber es ist interessant zu erfahren, woraus er sich zusammensetzt, und manch einer mag vielleicht zu einer besonderen Gelegenheit einmal seinen eigenen Senf dazugeben.

Scharfer Senf ist von feiner, süßer Senf meist von recht grober Konsistenz. Die Hauptzutaten des Senfs sind: Senfsamen, Essig, Salz, Zucker, Gewürze und Wasser. Auch eine frische Mayonnaise ist schnell gerührt und lässt sich sowohl von der Konsistenz als auch im Geschmack individuell abstimmen.

Einfaches Senfrezept

Zutaten: 300 g Senfmehl, 0,75 l Apfelessig, 2 EL Zucker, 1 TL Salz, 1 Prise Pfeffer

Zubereitung: Zuerst das Senfmehl mit dem Apfelessig aufkochen, dann die übrigen Zutaten dazugeben. Die Masse in eine Schüssel umfüllen und so lange rühren, bis sie kalt ist. Dann den Senf in hübsche Schraubgläser umfüllen.

1756 wurde die englische Festung Port Mahón auf Menorca von den Franzosen belagert. Die Vorräte waren knapp, nur Eier und Öl gab es ausreichend. Der Koch sollte daraus eine Mahlzeit bereiten. Aber anstelle Rühr- oder Spiegeleier zu backen, rührte er eine dicke Sosse, die den Namen »Mahonnaise« bekam. Da die Franzosen kein »h« sprechen können, wurde »Mayonnaise« daraus.

Süßer Senf mit Meerrettich

Zutaten: 200 g gelbe Senfkörner, 1/2 l Apfelessig, 200 g Zucker, 50 g Honig, 20 g frisch geriebener Meerrettich

Zubereitung: Die Senfkörner im Mörser zerstoßen, anschließend mit dem Essig verrühren und etwa 1 Stunde lang stehen lassen. Mit dem Mixer die übrigen Zutaten mindestens 10 Minuten lang gut ein-rühren. Dann den Brei auf kleiner Stufe unter ständigem Rühren er-hitzen und langsam aufkochen lassen. Vorsicht, dass nichts anbrennt. Den Topf vom Herd nehmen und den Senf sofort in Gläser abfüllen. Kühl und dunkel gelagert (nicht im Kühlschrank) hält er sich unge-fähr ein halbes Jahr.

Tip: Dieser Hausmachersenf ist eine Delikatesse zu Weißwürsten.

Mayonnaise selbst gemacht

Zutaten: 1 Eigelb, 1/2 TL Senf, 1/2 TL Salz, 1 Prise Zucker, 1 TL Ap-felessig, 1/8 l Öl

Zubereitung: Eigelb, Senf, Salz, Zucker und Apfelessig mit dem Schneebesen oder Handmixer gut verschlagen, dann tropfenweise das Öl unter ständigem Rühren hinzugeben, bis die Masse dickflüssig ist. Zum Schluss nochmals abschmecken. Damit die Mayonnaise sicher gelingt, sollten Sie darauf achten, dass alle Zutaten etwa dieselbe Temperatur haben.

Tip: Eventuell geronnene Mayonnaise kann geglättet werden, indem ein Eigelb unterge-schlagen wird.

Tip: Natürlich gibt es gute Mayonnaisen, auch kalorienreduzierte mit geringerem Ölanteil, zu kaufen. Aber wenn Sie einmal keine im Haus haben, ist die eben beschriebene Kaltsauce schnell selbst gemacht.

Reissalat mit Äpfeln

Zutaten: 200 g Reis, Salz, 120 g gekochter Schinken oder Braten, 1 kleine Gewürzgurke, 2 Äpfel, 50 g blanchierte Pilze, 1 hart gekoch-tes Ei, selbst gemachte Mayonnaise, Petersilie

Zubereitung: Den Reis im Salzwasser 15–20 Minuten garen und ab-kühlen lassen. Schinken (bzw. Braten), Gurke, Äpfel, Pilze und Ei fein schneiden und locker mit dem Reis vermischen. Mayonnaise von 1/8 Liter Öl (siehe oben) unterrühren, mit Petersilie garnieren. Den Salat einige Zeit ziehen lassen.

Honigmayonnaise

Zutaten: 2 Eigelb, 2 EL flüssiger Honig, 1 TL Senf, Salz, Pfeffer, 1/8 l Öl, 1 TL Estragonessig (siehe Seite 40), Saft von 2 Zitronen

Zubereitung: Eigelb in einer Schüssel verrühren. Mit einem Kochlöffel oder Mixer auf Stufe 1 Honig, Senf, Salz und Pfeffer unterrühren. Tropfenweise unter ständigem Rühren das Öl zugeben. So lange rühren, bis die Masse dicklich wird. Erst ganz zum Schluss Essig und Zitronensaft einrühren.

Kräuterremoulade

Zutaten: 1 Zwiebel, 2 kleine Gewürzgurken (Cornichons), 1 hart gekochtes Ei, je 1 TL frischer Schnittlauch, Dill, Petersilie, 1 Eigelb, 4 EL Olivenöl, 1 TL Senf, 1 Prise Salz, frisch gemahlener Pfeffer, 2 EL Kräuteressig

Zubereitung: Zwiebel, Gurken und Ei fein würfeln, Kräuter waschen und hacken, Eigelb in einer Schüssel verrühren, tropfenweise das Öl einrühren und restliche Zutaten dazumischen. Der Essig kommt ganz zum Schluss.

Tip: Die Remoulade passt gut zu gebackenem Fisch, kaltem Braten oder zu hart gekochten Eiern.

Saucen und Ketchups

Ketchup, die dickflüssige Vielzwecksauce aus Tomaten, Zwiebeln, Zucker, Gewürzen und Essig, stammt ursprünglich aus Ostasien und hat über das britische Empire seinen Weg in alle Welt genommen. Wer selbst Tomaten im Garten zieht, interessiert sich vielleicht für ein Rezept zur Ketchupzubereitung, das auf Zucker verzichtet.

Tomatenketchup

Zutaten: 2 kg vollreife Tomaten, 5 Zwiebeln, je 2 TL frische Thymian- und Liebstöckelblättchen, Blättchen von 1 Bund Petersilie, 1 TL Paprikapulver, 1 Prise Muskatnuss, etwas Salz; in einem Mullsäckchen: 3 große Lorbeerblätter, 1 TL ganze weiße Pfefferkörner, 1 TL Gewürznelken, 1 TL Koriander, 200 ml Apfelessig, 4 EL Honig

Die meisten frischen Kräuter lassen sich für den späteren Gebrauch gut einfrieren. So können Sie Petersilie, Dill, Basilikum, Estragon, Kerbel z. B. gut in einer Eiswürfelschale portioniert einfrieren. Die Lagerzeit beträgt sechs bis acht Monate.

Zubereitung: Tomaten waschen und vierteln, Stielansätze entfernen. Zwiebeln (wer mag, auch eine Knoblauchzehe) schälen und würfeln, Petersilie und andere Kräuter fein hacken. Feste Gewürze in ein Mullsäckchen packen und zubinden. Essig in einen großen Topf gießen und erhitzen, den Honig darin auflösen, die übrigen Zutaten dazugeben. Alles ca. 30 Minuten kochen. Dann das Mullsäckchen herausnehmen und die Masse durch ein Sieb streichen. Die glatte Tomatensauce einkochen, bis sie dickflüssig ist. Nochmals abschmecken. Dann heiß in Schraubgläser füllen und sofort verschließen.

Fernöstliche Sojasauce

Zutaten: 3 EL Apfelessig, 3 EL Sojasauce, 2 EL Reiswein, 1 EL Sesamöl, 1 TL Ahornsirup, etwas Salz, Pfeffer
Zubereitung: Alle Zutaten werden zu einer glatten Sauce verrührt und sofort serviert.
Tip: Diese Sauce reicht man zu asiatischen Speisen. Fleisch, Fisch oder Gemüse werden in die Sauce getunkt.

Sauce béarnaise

Zutaten: 2 kleine Zwiebeln, 2 EL frische Estragonblättchen, 1 TL frischer Kerbel, 2 EL Weißwein, 2 EL Estragonessig (mit Estragon aromatisierter Apfelessig, siehe Seite 40), 3 EL Butter, 4 Eigelb, etwas Salz, Pfeffer
Zubereitung: Zwiebeln fein würfeln und die Kräuter hacken. Weißwein und Estragonessig erhitzen, die Butter darin auflösen. Eigelb mit dem Schneebesen schaumig rühren, Zwiebeln und Kräuter darunter mischen, mit Salz und Pfeffer würzen. 10 Minuten leise köcheln lassen.
Tip: Diese Sauce rundet Kalbfleisch, Geflügel oder Fisch ab.

Tip: Wenn es rasch gehen soll, nehmen Sie eine fertige, möglichst ungesalzene Erdnusspaste und würzen sie mit etwas Sojasauce, Apfelessig und Sambal oelek.

Exotische Erdnusssauce

Zutaten: 25 g geschälte Erdnüsse, 1 Knoblauchzehe, 1 Pfefferschote, 1 TL helle Sojasauce, 3 EL Erdnussöl, 3 EL Apfelessig, Salz, Pfeffer
Zubereitung: Erdnüsse, Knoblauchzehe und Pfefferschote in der Küchenmaschine pürieren, die restlichen Zutaten untermischen, mit Salz und Pfeffer abschmecken.

Richten Sie auf einem Teller verschiedene Gemüsesorten an, die Sie in feine Juliennestreifen schneiden, z. B. Karotten, Bleichsellerie, Zucchini, Gurke, Rettich. Gemüse wie Spargel, Schwarzwurzeln, Lauch oder grüne Bohnen sollten zuvor einige Minuten in kochendem Wasser blanchiert werden. Verteilen Sie wenig Erdnusssauce über dem Gemüse.

Tip: Dieser fernöstlich anmutende Salat lässt sich anreichern mit gekochten Riesengarnelen oder Hummerkrabben oder in Sojasauce gegartem Fischfilet und ergibt so eine leichte Hauptmahlzeit.

Rassige Meerrettichsauce

Zutaten: 1/8 l süße Sahne, 3 TL Meerrettich (frisch gerieben oder aus dem Glas), 2 TL Estragonessig (siehe Seite 40), 2 TL frisch gehackte Kresse, etwas brauner Zucker, 1 Prise Salz, frisch gemahlener Pfeffer

Zubereitung: Die Sahne steif schlagen, Meerrettich, Estragonessig und Kresse unterheben. Mit braunem Zucker, Salz und Pfeffer abschmecken.

Tip: Meerrettichsauce passt zu gekochtem Suppenfleisch oder zu kaltem Braten.

Erdnüsse sind sehr eiweiß- und fetthaltig. Sie wachsen nicht etwa an Bäumen, sondern an Fruchtstielen, die sich in die Erde bohren. Dort reift dann die Nuss.

Mit Apfelessig Verfärbungen vorbeugen

▶ Wenn man Scheiben von empfindlichem Obst und Gemüse wie Äpfel, Birnen, Bananen, Sellerie oder Pilzen kurz in Apfelessigwasser wendet, dann werden die Schnittstellen nicht braun, die Früchte sehen appetitlicher aus.

▶ Kalbfleisch bleibt schön hell, wenn man es vor dem Kochen oder Braten in ein mit Essigwasser getränktes Tuch einwickelt.

▶ Wenige Spritzer Apfelessig im Kochwasser bewirken, dass Hülsenfrüchte, Spargel oder Blumenkohl ihre natürliche Farbe behalten und bekömmlicher werden.

▶ Sellerie, geschälte Kartoffeln und Champignons kann man einige Tage aufheben, wenn man sie in Essigwasser einlegt und in den Kühlschrank stellt.

▶ Obstflecken an den Händen lassen sich entfernen, wenn man die Hände mit etwas Essig einreibt und anschließend gründlich mit Wasser abspült.

Grüne Sauce aus Frankfurt

Zutaten: 5 EL frische gehackte Kräuter (Borretsch, Estragon, Kerbel, Liebstöckel, Petersilie, Pimpinelle, Schnittlauch, Sauerampfer, Dill), 2 hart gekochte Eier, 1/8 l Öl, 2 EL Kräuteressig, 2 TL Mayonnaise oder etwas saure bzw. süße Sahne (nach Belieben, dann weniger Öl), je 1 Prise Salz und Zucker, frisch gemahlener Pfeffer

Zubereitung: Kräuter und Eier fein hacken, in die gut verrührte Essig-Öl-Mischung geben, eventuell Mayonnaise unterheben. Mit Salz, Zucker und Pfeffer abschmecken. Wer mag, kann noch mit saurer Sahne verfeinern.

Tip: Die Frankfurter »Grie Soß« war schon zu Goethes Zeiten berühmt. Sie soll mindestens neun frische Kräuter enthalten. Man reicht sie zu kaltem und warmem Rindfleisch oder Sülze.

Gewürze und getrocknete Kräuter verändern sich im Geruch, Geschmack und in ihrer Wirkung durch den Einfluss von Licht und Sauerstoff. Innerhalb von sechs bis zwölf Monaten sinkt ihr Würzwert. Bewahren Sie sie daher luftdicht und lichtgeschützt z. B. in dunklen Gläsern auf, und kaufen Sie nur kleine Mengen.

Kapernsauce

Zutaten: 2 hart gekochte Eier, 1 Zwiebel, 2 EL Kapern, 3 EL Apfelessig, 4 EL Olivenöl, je 1 Prise Salz und Pfeffer

Zubereitung: Eier schälen und fein hacken, Zwiebel fein würfeln, Kapern fein hacken. Alle Zutaten so lange verrühren, bis eine glatte Sauce entsteht.

Tip: Ideal zu Eiern und gekochtem Rindfleisch.

Kümmelsauce

Zutaten: 2 Knoblauchzehen, 1/2 TL frische Thymianblättchen, 1 EL Senf, 5 EL Distelöl oder ein anderes neutrales Öl, 2 TL Kümmel, 4 EL Apfelessig

Zubereitung: Knoblauch schälen und fein hacken, Thymian fein wiegen. Alle Zutaten miteinander verrühren, bis eine glatte, homogene Sauce entsteht.

Tip: Die beste Begleitung für Weißkohl und gedünsteten Fisch.

Vielseitige Kräutersauce

Zutaten: je 2 TL frischer Schnittlauch und Oregano, 1 EL Kapern, 2 hart gekochte Eier, 200 g Magerquark, 1 TL Senf, 1/8 l Kräuteressig, 4 EL Distelöl, Salz und Pfeffer

Zubereitung: Kräuter und Kapern fein hacken, Eier schälen und klein schneiden, im Quark samt den übrigen Zutaten gut verrühren. Mit dem Rest von dieser Sauce können Sie z. B. Schinkennudeln aufpeppen. Einfach zum Schluss unterrühren.

Tip: Diese Sauce eignet sich als Dip für Gemüse, als Beigabe z. B. zu Steaks oder als Brotaufstrich.

Senfsauce

Zutaten: 1 Zwiebel, 4 EL Distelöl, 1 EL Schnittlauch, 1 EL scharfer Senf, etwas Salz und Pfeffer, 2 EL Kräuteressig

Zubereitung: Zwiebel in dünne Ringe schneiden, hacken, dann alle Zutaten miteinander verrühren, der Essig kommt erst zum Schluss.

Tip: Senfsauce serviert man zu verschiedenen Blattsalaten oder zu Wurstsalat.

Waldfrische Pilzsauce

Zutaten: 1 kg frische Mischpilze, 5 EL Salz, 2 EL Öl, 100 g Perlzwiebeln aus dem Glas, 2 Knoblauchzehen, 1/2 l Apfelessig, 1 TL Beizgewürz, 1 TL Ahornsirup

Zubereitung: Pilze (z. B. Champignons, Maronenröhrlinge, Steinpilze) kurz abbrausen, putzen und klein schneiden. Salz darunter mischen und über Nacht ziehen lassen. Am nächsten Tag unter fließendem Wasser abspülen. Öl in einer großen Pfanne erhitzen, die Perlzwiebeln ohne Flüssigkeit glasig dünsten, den Knoblauch darüber pressen, die Hälfte des Apfelessigs, Beizgewürz, Ahornsirup und Pilze dazugeben und bedeckt auf kleiner Flamme kochen lassen. Gelegentlich umrühren. Nach 30 Minuten den restlichen Essig zugießen. Nochmals 15 Minuten kochen lassen. Die Masse durch ein feines Sieb streichen, nochmals aufkochen und heiß in Schraubgläser füllen. Sofort verschließen.

Tip: Die Pilzsauce ist köstlich zu Nudeln, Steaks und kaltem Braten. Wenn Sie selbst Pilze sammeln, bitte nicht in der Plastiktüte; es entstehen gesundheitsschädliche Dämpfe. Außerdem sollten alle Fundstücke, die Sie auch mit Hilfe eines Bestimmungsbuchs nicht einwandfrei identifizieren können, keinen Platz in Ihrer Sauce finden.

Senfsauce schmeckt hervorragend zu pochierten Eiern: Dazu 1/2 Liter Wasser, 2 Esslöffel Apfelessig, 1 Prise Salz zum Kochen bringen. 1 aufgeschlagenes Ei vorsichtig mit einer Suppenkelle in das kochende Wasser geben, 4 bis 5 Minuten auf kleinster Flamme ziehen lassen. Das noch weiche Ei auf Toastbrot mit der Senfsauce anrichten.

Feine Küche mit Apfelessig

Griechische Paprikaschoten

Zutaten: je 1 gelbe, grüne, rote Paprikaschote, 2 Knoblauchzehen, 1 TL Senfkörner, je 1 TL Basilikum-, Thymian- und Kerbelblättchen, 1/8 l Knoblauchessig (siehe Seite 41), 4 EL Olivenöl, 1 EL Ahornsirup, 1 TL grob geschroteter Pfeffer, 1 Prise Salz

Zubereitung: Paprikaschoten waschen, von weißen Rippen befreien und in Streifen schneiden, Knoblauch und Kräuter fein hacken. Die Paprikaschoten im heißen Olivenöl etwa 15 Minuten schmoren lassen. Schoten in ein großes Schraubglas füllen, die übrigen Zutaten verrühren und darüber gießen. Das Glas verschließen und mindestens 1 Woche ziehen lassen.

Tip: Diese sauer eingelegten Schoten sind eine gute Beilage zu gegrilltem Fleisch.

Tip: Für empfindliche Mägen sind Paprika bekömmlicher, wenn man sie häutet. Dazu die Paprikaschoten in die Backröhre legen, bei großer Hitze braun rösten (bis sich Blasen auf der Haut bilden), in kaltes Wasser legen und die Haut abreiben.

Frische Gurkensuppe

Zutaten: 2 Salatgurken, 1 Zwiebel, 30 g Butter, Pfeffer und Salz, 3 EL Apfelessig, 3 EL Crème fraîche, frischer Dill

Zubereitung: Salatgurken schälen, gegebenenfalls entkernen und in kleine Würfel schneiden. Zwiebel fein würfeln, in der Butter glasig dünsten, Gurkenwürfel hinzugeben und zugedeckt 15 Minuten auf kleiner Flamme kochen lassen. Anschließend die Suppe vom Herd nehmen, mit Salz und Pfeffer aus der Mühle würzen, Apfelessig und 2 EL Crème fraîche einrühren.

Die Suppe auf Teller verteilen, mit frischem, fein gehacktem Dill und etwas Crème fraîche garnieren.

Rotkohl süßsauer

Zutaten: 1 kleiner Rotkohl, 2 Äpfel, 1–2 EL neutrales Öl, z.B. Distelöl, 1 mittlere Zwiebel, 2 EL flüssiger Honig, 2 EL Apfelessig, 1/2 TL Zimt, 1/2 TL gemahlene Nelken, 1/2 TL Piment (nach Belieben), frisch gemahlener Pfeffer, 150 ml Gemüsebrühe

Zubereitung: Beim Rotkohl die äußeren Blätter entfernen, den Strunk herausschneiden. Die Äpfel schälen, entkernen und in kleine Stifte schneiden, die Zwiebel würfeln. Öl in einer großen Pfanne erhitzen, die Zwiebel darin andünsten, Kohl, Äpfel, Honig und Gewürze dazugeben und gut vermengen. Mit Brühe ablöschen. Die Pfanne zudecken und das Gemüse etwa 1 Stunde auf kleiner Flamme köcheln lassen. Gelegentlich umrühren. Wenn die Flüssigkeit verdampft ist, ist das Gemüse fertig. Sofort servieren.

Tip: Übrigens schmeckt Rotkohl aufgewärmt am nächsten Tag noch besser. Dazu etwas Flüssigkeit nachgießen.

Amerikanische Zwiebelringe

Zutaten: 3 Zwiebeln, 1/2 l Bier, 4 EL Mehl, 1 Ei, 1 TL Salz, 1 Prise Cayennepfeffer, 1–2 Tassen Cracker, die im Mörser zu grobem Mehl zerstoßen werden, Öl oder Pflanzenfett zum Ausbacken, 1 Tasse Apfelessig

Zubereitung: Die Zwiebeln schälen und in breite Scheiben schneiden, dann die Scheiben in Ringe zerlegen. Die Ringe für 1/2 Stunde in kaltes Wasser legen, das nimmt ihnen die Schärfe, anschließend trockentupfen. Aus Bier, Mehl und Ei einen Teig anrühren und mit Salz und Cayennepfeffer würzen. Den Teig etwa 2 Stunden ruhen lassen. In einer Pfanne oder Friteuse Fett erhitzen. Die Zwiebelringe erst in den Teig tauchen, dann in dem Crackermehl wenden und in heißem Fett herausbacken. Anschließend zum Entfetten auf Küchenpapier legen. Und jetzt der Clou: Bevor man die Fried Onion Rings isst, tröpfelt man ein wenig Apfelessig darüber.

»Fried Onion Rings« sind ein Zwiebelsnack, der besonders gut zu einem Glas Bier passt. Das i-Tüpfelchen dieses Gerichts sind einige Tropfen Apfelessig.

Wintersalat mit Kalbsleber

Zutaten: 1 Eichblattsalat, 2 rote Zwiebeln, 2 säuerliche Äpfel, 4 Kartoffeln, 400 g Kalbsleber, etwas Mehl, 8 EL Öl, 8 EL Apfelessig, 2 TL Honig, 2 TL Senf, 1/2 l Apfelsaft, frische Thymianblättchen, Salz, Pfeffer, 2 EL gehackte Walnüsse

Zubereitung: Den Eichblattsalat waschen, trocknen und auf vier Tellern anrichten. Zwiebeln in Ringe, Äpfel in Spalten schneiden, Kartoffeln schälen und in dünne Scheiben hobeln, Kalbsleber in Streifen schneiden und in Mehl wenden. Die Kartoffeln in 3 Esslöffeln Öl etwa 15 Minuten braten, kurz vor Ende der Garzeit Zwiebeln und Äpfel

Bohnenkraut oder auch Pfefferkraut gedeiht am besten am Mittelmeer, aber auch bei niedrigeren Temperaturen. Bei uns ist es ab Juli frisch auf dem Markt erhältlich. Verwendet werden sowohl die Stängel als auch die Blätter. Bohnenkraut wirkt appetit- und verdauungsanregend.

zufügen. In einer zweiten Pfanne das restliche Öl erhitzen und die Leberstreifen bei starker Hitze kurz darin braten. Die Leber herausnehmen und warm stellen. Den Bratensatz mit 8 Esslöffeln Apfelessig ablöschen, Honig, Senf und 1/4 Liter Apfelsaft zugeben, etwas einkochen lassen. Mit frischen Thymianblättchen, Salz und Pfeffer würzen. Alle Zutaten auf dem Salat anrichten, mit der Vinaigrette beträufeln und mit den Walnüssen bestreuen.

Saure Bohnen

Zutaten: 1 kg grüne Bohnen, Bohnenkraut, Salz, 1 EL Schmalz, 1 EL Mehl, 3–4 EL Apfelessig, 2 Lorbeerblätter, Pfeffer aus der Mühle

Zubereitung: Bohnen waschen, putzen und in ca. 1 Zentimeter breite Stücke schneiden. Anschließend zusammen mit dem Bohnenkraut in wenig Salzwasser etwa 10 Minuten garen. Die Bohnen abseihen und das Kochwasser auffangen. In einem großen Topf Schmalz erhitzen, das Mehl hineinrühren und mit dem Bohnenkochwasser ablöschen. 1 guten Schuss Apfelessig in die Mehlschwitze geben, mit Lorbeerblättern und Pfeffer aus der Mühle würzen und 15 Minuten auf kleiner Flamme köcheln lassen. Zum Schluss die Lorbeerblätter entfernen, die Bohnen in die saure Sauce schütten, durchrühren und noch einige Minuten köcheln lassen. Die Bohnen nochmals abschmecken.

Tip: Dieser Gemüseeintopf stammt aus dem Badischen und heißt im Original »Sure Wälschbauna«. Dazu passen Frikadellen oder gekochtes Rindfleisch mit Salzkartoffeln.

Erfrischender Beerensirup

Zutaten: 1–2 l Apfelessig, 1–2 Pfund Himbeeren, Brombeeren oder Johannisbeeren, 1 kg Zucker

Zubereitung: Man gibt den Apfelessig in einen Krug aus Steingut und mischt die reifen, gut gereinigten Beeren darunter. Man verschließt den Krug locker mit einem Deckel und stellt ihn an einen kühlen Ort. Nach etwa 8 Tagen lässt man die Flüssigkeit durch ein feines Sieb laufen und fängt sie auf, ohne die Früchte auszupressen. Man gibt etwa 1 Kilogramm Zucker in eine feuerfeste Glasform und gießt vom Essig, der »vom Geruch der Beeren geschwängert ist«, etwa 500 Gramm hinzu. Dann verschließt man die Glasform und erhitzt die Flüssigkeit allmählich, bis der Zucker geschmolzen ist. Der abgekühlte Sirup wird in Flaschen abgefüllt und gut verschlossen. Er soll an einem kühlen Ort lagern. Zum Trinken wird der Sirup etwa im Verhältnis eins zu fünf mit Wasser verdünnt.

Dieses traditionsreiche Rezept für Essigsirup ist bereits aus dem Jahre 1802 überliefert. Es wurde damals folgendermaßen gelobt und angepriesen: »Dieser Sirup ergibt, in einer gewissen Menge Wasser aufgelöst, ein kühlendes und wohlschmeckendes Getränk, das man gern bei großer Sommerhitze benutzt. Es stillt auf eine angenehme Weise, schnell und mit wenigen Kosten den Durst. Seine Bereitungsart ist sehr einfach.«

Küchentricks mit Apfelessig

▶ Eischnee wird lockerer, wenn man beim Schlagen einige Tröpfchen Apfelessig zugibt.

▶ Wenn man beim Brotbacken kurz vor Ende der Backzeit die Kruste mit Apfelessig einpinselt, wird sie schön glänzend.

▶ Wenn man Ostereier färbt, bewirkt ein guter Schuss Apfelessig im Färbekochwasser, dass die Farbe besser haftet.

▶ Kuchen wird viel lockerer, Mürbteig bröckelt weniger, wenn einige Tropfen Apfelessig in den Teig gerührt werden.

▶ Ein Spritzer Apfelessig im Eierkochwasser soll verhindern, dass geplatzte Eier auslaufen. Die Eier vorher am besten mit einer Nadel vorsichtig anpieksen.

▶ Ein Schuss Essig verleiht Rotkohl und Schwarzwurzeln eine appetitlich frische Farbe.

▶ Versalzene Suppen und Speisen kann man retten, indem man je 1 Teelöffel Apfelessig und Zucker unter sie mischt.
Nochmals aufkochen und abschmecken.

▶ Beim Waschen von Salat, Gemüse und Obst sollte man 2 Esslöffel Apfelessig und etwas Salz ins Waschwasser geben.
Dadurch werden Rückstände von Pflanzenschutzmitteln, Verschmutzungen und Ungeziefer gründlicher von der Oberfläche entfernt.

▶ Durch die Zugabe von etwa 1 Teelöffel Apfelessig bleibt Gelatine auch bei großer Hitze im Hochsommer schön fest.

Apfelessig wirkt auch gegen Hungergefühle: Wer einmal eine Mahlzeit ausfallen lassen möchte, dämpft Hungergefühle, wenn er ein Glas Apfelessigwasser mit Honig trinkt.

Apfelessig im Haushalt

Ein natürlicher Allzweckreiniger

*Spiegelblank und kalkfrei:
Apfelessig kann viele
ökounverträgliche
Putzmittel überflüssig
machen.*

Der Einsatz chemischer Reinigungs- und Pflegemittel ist nicht immer unbedenklich. Die meisten von ihnen enthalten aggressive oder ätzende Substanzen, die Allergien und Hautreizungen hervorrufen können und unsere Umwelt belasten, weil sie schwer abbaubar sind.

Auch hier ist milder, natürlicher Apfelessig eine echte Alternative. Aufgrund seiner keimtötenden und desinfizierenden Wirkung ist er im Haushalt vielseitig verwendbar. Dass Essig Kalkrückstände auflöst, ist hinlänglich bekannt. Aber er löst auch Fett und Schmutz, beseitigt sogar hartnäckige Klebstoffreste, beugt Schimmelbildung vor, bringt Glanz in Bad, Küche und WC und macht die Wäsche weich und farbenfroh. Daneben ist Apfelessig biologisch abbaubar und außerdem noch preiswert.

Apfelessig ist also ein praktischer und umweltfreundlicher Allzweckreiniger, den uns die Natur liefert. Auch die Industrie bietet in den letzten Jahren vermehrt Reiniger an, die Essig enthalten.

**Achtung, Kinder! In
Reinform oder zu wenig
verdünnt ist Essigsäure
stark ätzend. Achten Sie
darauf, dass Essigessenz
von kleinen Kindern
nicht erreicht werden
kann.**

Was Sie beachten sollten

Der Apfelessig, den Sie im Haushalt verwenden, sollte nicht naturtrüb, sondern möglichst klar sein. Es können sonst bei manchen Anwendungen Flecken entstehen. Alternativ können Sie natürlich auch Weinessig verwenden.

Wenn nichts anderes angegeben wird, ist ein Apfelessig-Wasser-Gemisch im Verhältnis eins zu eins gemeint.

Bei sehr starken Verschmutzungen oder Verkalkungen sollten Sie auf die stärkere Essigessenz ausweichen. Im Handel finden Sie in der Regel 25-prozentige Essigessenz. Zum Würzen von Speisen ist sie eher ungeeignet oder muss sehr stark verdünnt werden.

Essig löst Kalk

▶ Kalkablagerungen in Töpfen werden beseitigt, indem man das betreffende Gefäß mit Wasser füllt, 1/2 Tasse Apfelessig hinzugibt und das Ganze einige Stunden lang stehen lässt. Die Ablagerungen lassen sich dann mühelos auswischen.

▶ Kalkreste an Wasserhähnen oder metallischen Flächen entfernt man durch Abreiben mit Essigwasser. Bei starken Rückständen Essig pur verwenden.

▶ Sind die feinen Öffnungen des (Metall-)Brausekopfs verkalkt, so legt man ihn für 1/2 Stunde in heißes Essigwasser. Duschköpfe aus Plastik kann man über Nacht in Essigwasser legen.

▶ Zum Entkalken Ihrer Kaffemaschine geben Sie 1 Tasse Apfelessig in den Wasserbehälter und füllen mit kaltem Wasser auf. Stellen Sie die Maschine an, und lassen Sie das Wasser zur Hälfte durchlaufen. Dann abschalten und etwa 2 Stunden einwirken lassen. Anschließend den Rest des Wassers durchlaufen lassen und mit mindestens 2 Kannen reinem Wasser nachspülen, um alle Essigreste gründlich zu entfernen.

▶ Kalkflecken auf Tontöpfen beseitigt man durch Abreiben mit Apfelessigwasser.

▶ Zum Entkalken der Waschmaschine füllt man etwa 5 Liter Apfelessigwasser in die leere Trommel und wäscht bei 60 oder 95 °C im Hauptwaschgang.

▶ Den Wasserkocher entkalkt man schonend, indem man ihn mit Apfelessigwasser füllt und es zum Kochen bringt. Dann auschalten und einige Stunden stehen lassen. Anschließend entleeren und mehrmals gut nachspülen.

▶ So löst man Kalkablagerungen im Dampfbügeleisen: Man füllt den Wasserbehälter mit Essigwasser, lässt das Bügeleisen einige Minuten dampfen und schaltet es dann ab. Die Essiglösung über Nacht einwirken lassen, anschließend den Wassertank ausleeren und sehr gründlich nachspülen.

▶ Kalkränder an Blumentöpfen kann man entfernen, indem man etwas Essigwasser auf ein Tuch gibt und den Tontopf damit abreibt.

Tip: Oft lässt sich die kalklösende Wirkung von Essig durch die Zugabe von einfachem Kochsalz verstärken.

Apfelessig sorgt für Durchblick. Mit ihm bekommen Sie einfach und billig auch wunderbar glänzende Fensterscheiben.

Hygienisch sauber und gepflegt

▶ Naturschwämme werden wieder weich und sauber, wenn man sie in warmem Essigwasser wäscht, dann über Nacht in Essigwasser (Mischung 1:2) einweicht und schließlich mit klarem Wasser ausspült.

▶ Stark verschmutzte oder feucht gewordene Schuhe und Stiefel mit Wasser- oder Salzrändern reibt man mit einem in Apfelessigwasser getauchten Tuch ab.

▶ 1 Tasse Apfelessig im Wisch- oder Putzwasser unterstützt die Reinigung, desinfiziert, wirkt Gerüchen entgegen, beugt der Schimmelbildung vor und bringt außerdem Glanz. Sie können auf chemische Allesreiniger in der Regel ganz verzichten, wenn Sie etwas flüssige Schmierseife und Apfelessig ins Putzwasser tun.

Sparen Sie Kraft, und lassen Sie die Zeit für sich arbeiten: Hartnäckigen Verschmutzungen rücken Sie eher zu Leibe, wenn Sie sie, statt zu scheuern und zu kratzen, über Nacht einweichen lassen.

▶ Bürsten reinigt man, indem man sie über Nacht in Apfelessigwasser legt. Anschließend mit klarem Wasser ausspülen.

▶ Wenn Nagelbürsten zu weich sind, legt man sie über Nacht in ein Essigbad.

▶ Der Kühlschrank bleibt tadellos rein, wenn man ihn gelegentlich mit Apfelessigwasser auswischt.

▶ Brotkästen werden hygienisch sauber, und unangenehmer Geruch verfliegt, wenn man sie 1-mal wöchentlich mit Essigwasser auswischt. Anschließend gut trockenreiben.

▶ Die Backröhre lässt sich leichter saubermachen, und Gerüche verfliegen, wenn Sie ein Töpfchen mit Apfelessigwasser hineinstellen und die Backröhre heiß werden lassen.

▶ Verhärtete Pinsel, sofern sie nicht mit Lacken und dergleichen getränkt sind, werden wieder weich, wenn sie in purem Apfelessig gekocht werden und darin stehen bleiben, bis das Wasser kalt ist.

Haushaltskniffe mit Apfelessig

▶ Stark verschmutzte Wäsche wird leichter sauber, wenn sie am Abend vor dem Waschen mit Apfelessigwasser eingesprüht wird.

▶ Windeln für Babypopos, die leicht wund werden, wäscht man mit einer Lauge aus Kernseife, der man einige Spritzer Apfelessig beifügt.

▶ Schweißränder aus Kleidungsstücken verschwinden, wenn man sie über Nacht in Essigwasser einweicht und dann wie üblich wäscht.

▶ Wenn Sie bei Wollsachen, Seide, Kunstseide oder anderen feinen Materialien ein paar Spritzer Apfelessig ins letzte Spülwasser geben, erzielen Sie einen ähnlichen Effekt wie mit einem Weichspüler. Außerdem werden dadurch die Farben und das Gewebe aufgefrischt.

▶ Wolldecken werden weich und flauschig, wenn man einen guten Schuss Apfelessig ins letzte Spülwasser gibt.

Sie schützen Ihren Teppich vor Mottenbefall, wenn Sie ihn vor dem Lagern mit einer starken Essiglösung abbürsten. Aber bitte nicht nass in den Keller legen, sonst kann der Teppich schimmeln.

Hilfe beim Bügeln

▶ Starke Falten in der Bügelwäsche besprüht man mit Essigwasser und bügelt mit mittlerer Heizstärke darüber.

▶ Farbige Stickereien bleichen nicht aus, wenn man beim Bügeln (von links) ein in Essigwasser getränktes Baumwolltuch darauf legt und mit mittlerer Heizstärke vorsichtig darüber bügelt.

▶ Bügelfalten erhalten saubere Kanten, wenn man vor dem Bügeln ein in Essigwasser getauchtes Tuch darüber legt.

Macht Gläser blitzblank

▶ Trüb gewordene Trinkgläser werden wieder klar und erstrahlen in neuem Glanz, wenn man sie mit Apfelessigwasser spült.

▶ Das einfachste Fensterputzmittel besteht aus möglichst warmem Wasser mit 1 bis 2 Tassen Apfelessig. Geputzt wird mit Fensterleder und trockengerieben mit locker zerknülltem Zeitungspapier. Wenn die Fenster sehr schmutzig sind, kommt noch 1/2 Teelöffel flüssige Seife dazu.

▶ Harte Fensterleder werden wieder weich, wenn man sie über Nacht in Apfelessigwasser legt.

▶ Einen guten Durchblick bekommen Sie, wenn Sie Ihre Brille mit Essigwasser putzen. Vorsichtig trockenreiben und mit einem weichen Tuch nachpolieren.

Extratip für Heimwerker: Rühren Sie Gips statt mit Wasser mit Essig an. Er bleibt so länger weich – und Sie haben mehr Zeit zum Arbeiten.

Zum Geschirrspülen

▶ Apfelessig im Spülwasser wirkt fettlösend, verhindert üble Gerüche und macht das Geschirr glänzend. Hartnäckig verschmutzte Töpfe und Pfannen über Nacht in Apfelessigwasser einweichen. Der Schmutz kann dann mühelos entfernt werden. Alle Holzteile wie Küchenbrettchen oder Kochlöffel werden gänzlich sauber und frei von Fettrückständen sowie Gerüchen, wenn man sie von Zeit zu Zeit mit unverdünntem Apfelessig abreibt.

Auf Hochglanz gebracht

▶ Kupfer sieht wieder strahlend aus, wenn man es mit einer Mischung aus Zitronensaft und Apfelessig abreibt.

▶ Ein mit Essig befeuchtetes, weiches Tuch macht Lackleder wieder glänzend.

▶ Wenn man nach dem Putzen mit klarem Essigwasser nachspült, erstrahlen gefliese Böden, Küchenschränke, Badewanne, Waschbecken und Kacheln in neuem Glanz.

▶ Blind gewordene Gefäße aus Messing oder Kupfer leuchten wieder, wenn man sie mit einer Paste aus Salz und Essig abreibt.

Weg ist der Fleck

▶ Ältere oder starke Flecken (Farbe, Kugelschreiber, Tee, Ei, Bleistift, Obst, Tinte etc.) kann man mit einer Mischung aus Gallseife und Essig behandeln. Über Nacht einwirken lassen, dann wie gewohnt waschen.

▶ Kaugummi-, Leim- oder Klebstoffreste auf Geweben mit Essigwasser oder mit purem Essig beträufeln und so lange einwirken lassen, bis sich der Klebstoff abkratzen lässt. Aber testen Sie vorher an einer nicht sichtbaren Stelle, ob die Stofffarbe standhält und ob der Essig nicht selbst Flecken erzeugt.

▶ Alte Aufkleber von Kacheln oder Geschirr lassen sich leichter lösen, wenn man sie mit purem Apfelessig einreibt.

▶ Flecken auf Besteck aus rostfreiem Stahl reibt man mit einem essiggetränkten Tuch weg.

▶ Wenn dunkle und robuste Kleidungsstücke vom häufigen Tragen speckig wirken, kann man die Flecken durch Ausbürsten mit Essigwasser beseitigen.

▶ Die Farben eines Teppichs werden aufgefrischt und Flecken entfernt durch Abreiben mit einem in Essigwasser getauchten Schwamm.

▶ Braune Verunreinigungen an Tee- und Kaffeekannen lassen sich mit einer Paste aus Essig und Salz abreiben. Anschließend mit kochendem Wasser nachspülen.

▶ Wachsflecken auf Holz weicht man mit dem Föhn auf und entfernt sie mit einem Papiertuch. Damit der Fleck keine Spuren hinterlässt, die Stelle noch mit Essig abreiben.

▶ Vergilbte Krägen reibt man mit einer Paste aus Essig und Natron ein. Eventuell einwirken lassen, dann wie gewohnt waschen.

▶ Hartnäckiger Fliegenkot auf Spiegeln und Fensterscheiben verschwindet, wenn man die Flächen mit einem in Essigwasser getränkten Fensterleder abreibt. Außerdem werden Insekten die Flächen wegen des Essiggeruchs eine Zeit lang meiden. Schon unsere Großmütter polierten die Fenster und Spiegelflächen mit altem Zeitungspapier und Essig. Nehmen Sie eine alte Sprühflasche, und verdünnen Sie Essigessenz mit Wasser; kein Glasreiniger ist besser.

Bevor Sie Flecken auf empfindlichen Materialien an zentralen Stellen mit Essig bearbeiten, testen Sie die Farbechtheit des Gewebes an einer nicht so sichtbaren Stelle, z. B. am Saum.

Essig für die Blumen

▶ Viele Schnittblumen halten länger, wenn man dem Vasenwasser jeweils 2 Esslöffel Essig und Zucker beigibt. Wird das Wasser gewechselt, sollten auch die Blumenstängel neu angeschnitten werden – und zwar nicht gerade, sondern schräg.

▶ Topfpflanzen mit breiten Blättern (z. B. Gummibäume) befreit man von Zeit zu Zeit von Staub, indem man sie mit lauwarmem Apfelessigwasser abwischt.

▶ Zimmer- und Balkonpflanzen gedeihen kräftig, wenn man dem Gießwasser 1-mal wöchentlich 2 Esslöffel Apfelessig beimischt. Die Mineralstoffe des Apfelessigs sind ein guter Pflanzendünger.

▶ Geben Sie von Zeit zu Zeit einen kräftigen Schuss Apfelessig und etwas Salz in die Kanne mit Gießwasser, dadurch werden Schnecken und andere Schädlinge vom selbst gezogenen Salat und Gemüse ferngehalten.

Läuse und Ungeziefer an Zimmerpflanzen bekämpfen Sie wirkungsvoll durch eine Sprühflasche mit Essigwasser, dem Sie etwas Salz beifügen.

Gerüche vertreiben

▶ Der Abfalleimer wird geruch- und keimfrei, wenn man ihn gelegentlich mit einer starken Essigwasserlösung ausspült.

▶ Thermoskannen, die lange nicht benutzt wurden, und Butterbrotdosen gelegentlich mit warmem, verdünntem Essigwasser ausspülen. Sie riechen dann wieder frisch.

▶ Die Abflüsse von Spülbecken, Waschbecken und Badewanne entwickeln keine Gerüche und verstopfen weniger leicht, wenn man 1-mal pro Woche 1 Tasse Essig hineinschüttet. Eine Weile einwirken lassen, ehe man mit Wasser nachspült.

▶ Geben Sie beim Waschen von neuen Kleidern oder Bettwäsche 1/2 Tasse Apfelessig in die Waschmaschine, das soll den Chemiegeruch vertreiben.

▶ Der Geruch frischer Farbe oder von Zigarettenrauch verfliegt, wenn man im Raum eine Schüssel mit purem Essig aufstellt. Ist der Geruch besonders stark, können Sie den Essig auch auf kleiner Flamme köcheln lassen.

▶ Gerüche in Schränken, Kühlschränken oder Schubladen verschwinden, wenn man sie mit heißem Essigwasser auswischt. Anschließend sollte man gut lüften.

Essig zum Färben

▶ Beim Färben von Stoffen sollte man immer 1 Tasse Essig ins letzte Spülwasser geben, denn der Essig fixiert die Farben.

▶ Auch beim Färben von Ostereiern kommt 1 Schuss Essig ins Färbewasser, damit die Farben besser halten. Außerdem nehmen die Ostereier dann auch einen typischen Geschmack an.

Essig in der Textilpflege

▶ Stark verschmutzte Wäsche vor dem Einfüllen in die Waschmaschine mit Apfelessig besprühen. So lösen sich insbesondere Eiweißflecken leichter.

▶ Lampenschirme aus Seide reibt man vorsichtig mit lauwarmem Essigwasser ab, damit die Seide nicht verfärbt. Die Farbechtheit sollten Sie vorher innen am Saum ausprobieren.

Denken Sie daran: Aggressive Haushaltschemikalien zeigen zwar oft eine schnelle Wirkung, greifen häufig aber die Flächen und immer unsere Umwelt an.

Gesunder Wuchs, glänzende Blätter, große Blütenpracht: Apfelessig für die perfekte Pflanzenpflege.

Auch Kleopatra – hier in einem Barockgemälde von Anton Schoonyans – nützte Essig (mit darin aufgelösten Perlen) als Schönheitstrunk.

100 Gramm naturtrüber Apfelessig enthalten 140 Milligramm Kalium. Bei Kaliummangel im Körper können sich die Körperzellen so sehr mit Wasser vollsaugen, dass sie platzen. Die Folgen sind schnell erkennbar: schlaffe, faltige Haut und eine spannungslose Muskulatur.

Apfelessig in der Kosmetik

Wie wir aussehen, ob unsere Haut straff und frisch wirkt, die Haare geschmeidig und glänzend sind und die Figur nichts zu wünschen übrig lässt, hängt stärker von der Qualität unserer Nahrung ab, als viele meinen.

Schönheit kommt von innen

Einseitige Kost, ein Mangel an Vitaminen und Mineralstoffen lässt unser Stoffwechselgeschehen langsam, aber sicher ermüden. Die Versorgung von Haut, Haaren und Nägeln mit Sauerstoff und Nährstoffen verschlechtert sich. Spannungslose, blasse Haut, geplatzte Äderchen, Hautunreinheiten, Ekzeme, brüchige Nägel und schwacher Haarwuchs können die Folge sein.

Einseitige Kost, vor allem, wenn sie im Übermaß konsumiert wird, lässt unser Verdauungssystem mit der Zeit erlahmen. Ein überforderter Darm kann Nährstoffe nicht mehr optimal verwerten. Vitalisierende Nahrungsbestandteile bleiben ungenutzt, und unsere Schönheit und Lebenskraft beginnt zu leiden. Deshalb empfiehlt sich für eine Schönheitspflege von innen gesunde Mischkost mit vielen ballaststoffreichen Lebensmitteln wie Vollkornprodukten, unpoliertem Getreide, Obst, Gemüse und täglich, wenigstens für einige Zeit, ein Glas Apfelessiggetränk.

Das unterstützt Verdauung und Stoffwechsel und versorgt uns mit wichtigen Vitaminen und Mineralstoffen. So bleibt unsere Haut straff, die Nägel widerstandsfähig, das Haar fest und kraftvoll. Zudem entschlackt und entgiftet Apfelessig auf milde Weise, wodurch man frischer aussieht.

Frische Luft und ausreichende Bewegung sind weitere Erfolgsfaktoren für eine gesunde Schönheit, die von innen kommt.

Schöne Haut, glänzendes Haar, kräftige Nägel

Apfelessig belebt und vitalisiert, fördert die Durchblutung, stabilisiert den Säureschutzmantel der Haut und wirkt keimtötend, was besonders bei Neigung zu Hautunreinheiten wichtig ist. Apfelessig ist zu jeder Jahreszeit ein hervorragender Hautschutz und verhilft den Haaren zu mehr Glanz.

Das erste Antibiotikum

Ein Antibiotikum ist das Stoffwechselprodukt von Kleinstlebewesen, hier der Essigbakterien, das wirksam zur Bekämpfung anderer schädlicher Mikroorganismen eingesetzt wird.

In der Antike hat man mangels chemisch hergestellter Medikamente die Heilwirkung des Essigs viel mehr zu schätzen gewusst als heute. Hippokrates von Kos (460–375 v. Chr.) verordnete Essigwasser bei Atembeschwerden und Mundgeruch. Der römische Arzt Galenus (129–199 n. Chr.) empfahl Essig bei Darmerkrankungen und Husten sowie bei allgemeinem Unwohlsein. Mit Essigumschlägen behandelte man Prellungen, Blutergüsse, Brandverletzungen und Insektenstiche. Man desinfizierte Wunden mit Essig und beugte so dem meist tödlich verlaufenden Wundbrand vor. Damit war Essig das erste bekannte Antibiotikum.

Auch die kosmetische Wirkung des Essigs wurde in Griechenland und Rom schon umfassend genutzt. Die Damen gaben Essig, der die Haut straffte und insgesamt belebend wirkte, in ihr Badewasser.

Der Kunstmäzenin Schönheitsbad

Lucrezia Borgia (1480–1519), eine Förderin der Künste, galt als eine der attraktivsten Frauen ihrer Epoche. Ohne einen Schuss Essig in ihrem morgendlichen Bad fühlte sie sich nicht frisch und gepflegt. Auch die schöne Kleopatra soll der Überlieferung nach täglich ein Essigbad genommen haben. Für ein Vollbad gießt man einen 1/2 Liter Apfelessig in das Badewasser. Man sollte nicht länger als 15 Minuten in der Wanne bleiben, sonst laugt die Haut aus, der Kreislauf wird träge.

Apfelessig und Lavendel

Ein Lavendelbad wirkt belebend und verströmt einen feinen Duft.

▶ Geben Sie 5 Esslöffel getrocknete Lavendelblüten in ein Schraubglas, und gießen Sie 1/2 Liter Apfelessig darüber. Schrauben Sie den Deckel zu, und lassen Sie die Blüten eine Woche lang in dem Glas ausziehen. Dann seihen Sie die festen Bestandteile ab und setzen die Flüssigkeit dem Badewasser zu.

Erfrischendes Essig-Zitronen-Bad

Dieser Badezusatz reinigt schonend strapazierte Haut. Der Zitronenduft erfrischt und entspannt.

▶ Übergießen Sie 3 klein geschnittene Zitronen in einem Glas- oder Porzellangefäß mit 1/2 Liter Apfelessig. Lassen Sie die Zitronen 2 bis 3 Stunden auslaugen, dann abseihen und die Flüssigkeit ins heiße Badewasser gießen.

Duftiges Rosenblütenbad

Dieser Badezusatz ist zur Beruhigung der normalen Haut gedacht.

▶ Man gibt 5 bis 7 Esslöffel getrocknete Rosenblütenblätter in ein Schraubglas und gießt 1/2 Liter reinen Apfelessig darüber. 14 Tage verschlossen ziehen lassen, dann abseihen und dem nicht zu heißen Badewasser zugeben.

Auf die gleiche Weise wie das Rosenblütenbad können Sie auch andere Badezusätze herstellen. Nach dem Bad sind zusätzliche Streicheleinheiten mit einer pflegenden Körperlotion besonders angenehm für Ihre Haut.

Ganz ohne Badewanne funktioniert das Apfelessig-Dampfbad: Erhitzen Sie zu gleichen Teilen Wasser und Apfelessig in einem Topf. Sobald Dampf aufsteigt, beugen Sie sich über den Topf. Atmen Sie den Dampf durch die Nase ein. Schließen Sie die Augen, und lassen Sie den Dampf ca. fünf Minuten wirken.

Für jede/n ist ein Kraut gewachsen

▶ Minze erfrischt und stimuliert (wirkt gefäßverengend)

▶ Rosmarin oder Lorbeerblätter regen an

▶ Veilchenblüten beseitigen Hautunreinheiten

▶ Zitronenmelisse beruhigt und glättet die Haut

Mit Apfelessigmassagen fängt der Tag gut an

In vielen Schönheitsinstituten beginnt man den Tag mit einer belebenden Essigmassage.

▶ Zu Hause mischt man 2 bis 4 Esslöffel Apfelessig auf 1 Liter angewärmtes Wasser, nimmt eine kleine Menge davon in die Hand und reibt nach und nach den ganzen Körper damit ab. Wie bei anderen Massagen empfiehlt es sich, immer zum Herzen hin zu massieren. Man braucht sich nicht abzutrocknen, sondern reibt über die Haut, bis der Essig vollständig eingezogen ist. Keine Angst, Sie riechen danach nicht säuerlich – wenn doch, dann haben Sie zu viel Apfelessig verwendet. Die tägliche Apfelessigmassage strafft und glättet, belebt und erfrischt die Haut und hat außerdem eine desodorierende Wirkung.

Wenn Sie abends erschöpft nach Hause kommen und noch etwas vorhaben, sollten Sie die Massage mit Apfelessig machen. Dann sind Sie garantiert wieder munter.

Gesichtspflege für jede Haut

Reinigen, Nähren und Pflegen sind die drei Grundpfeiler einer systematischen Gesichtskosmetik. Sie können natürlich nicht alles mit Apfelessig machen, aber Sie können sich aus dem Angebot dasjenige auswählen, das für Ihren Hauttyp geeignet ist.

▶ **Gesichtswässer** mit Apfelessig desinfizieren, entfetten und erfrischen die Gesichtshaut. Sie sind daher in erster Linie für die fettige, zu Unreinheiten neigende Haut geeignet. Man sollte sie morgens und abends zur Tiefenreinigung nach der Vorreinigung mit einer milden Seife oder Hautmilch verwenden.

▶ **Essiglotion** empfiehlt sich zur Reinigung von fetter, zu Unreinheiten neigender Haut. Verrühren Sie 5 Esslöffel Mineralwasser 5 Esslöffeln Apfelessig, und geben Sie die Mischung in ein verschließbares Gefäß. Einige Tropfen dieser Lotion auf einen Wattebausch geben und morgens und abends damit das Gesicht reinigen.

▶ **Lavendellotion** eignet sich besonders für unreine Haut. Füllen Sie 2 Esslöffel getrocknete Lavendelblüten, 10 Teelöffel Apfelessig, 5 Teelöffel Rosenwasser und 10 Teelöffel Mineralwasser in ein Schraubglas. 2 Wochen lang ziehen lassen, dann abseihen. Reinigen Sie morgens und abends mit dieser Lotion Ihr Gesicht.

▶ **Lotion mit Rosenblüten** Übergießen Sie 5 Esslöffel getrocknete Rosenblütenblätter mit je 5 Esslöffeln Apfelessig und Mineralwasser. Die Mischung in einem verschlossenen Glas 2 Wochen ziehen lassen, dann abseihen und mit der Lotion morgens und abends die Gesichtshaut reinigen. Sie beruhigt normale Haut.

Bewahren Sie die Lotionen nicht im feuchtwarmen Badezimmer, sondern im Kühlschrank auf, da sie keine chemischen Konservierungsmittel enthalten und sonst leicht verderben.

▶ **Gesichtsdusche** Versuchen Sie es anstelle eines Gesichtswassers morgens oder abends doch einmal mit einer erfrischenden Gesichtsdusche. Vermischen Sie Mineralwasser mit 1 Esslöffel Apfelessig. Füllen Sie die Mixtur in eine Sprühflasche, wie man sie auch für Pflanzen benutzt. Besprühen Sie Ihr Gesicht nach der Reinigung, bis es leicht feucht ist. Die Augen dabei schließen.

Hinterher die Flüssigkeit auf dem Gesicht trocknen lassen. Dann mit einer Tages- oder Nachtcreme pflegen. Bewahren Sie die Sprühflasche im Kühlschrank auf. Aber jeweils nur die Menge für 2 bis 3 Tage zubereiten.

▶ **Avocadocreme für reife Haut** Für diese nährende, Feuchtigkeit spendende Creme zerdrücken Sie 2 Teelöffel frisches Avocadofleisch mit einer Gabel, vermischen es mit 2 Teelöffeln Apfelessig, 1 Teelöffel frischem Zitronensaft, 2 Esslöffeln Olivenöl und 2 Eigelb und schlagen die Masse mit dem Mixer oder Rührbesen schaumig. Vor dem Zubettgehen sanft in die Haut einmassieren und über Nacht einwirken lassen. Die Nachtwäsche eventuell mit einem Handtuch schützen. Morgens mit lauwarmem Wasser abspülen. Wer nicht so schlafen möchte, kann die Maske auch einige Stunden am Abend einwirken lassen.

Weitere pflegende Lotionen

▶ Lotion mit Kamillenblüten beruhigt normale Haut

▶ Lotion mit Minzeblättchen wirkt gefäßverengend für trockene Haut

▶ Lotion mit Holunderblüten für trockene Haut

▶ Lotion mit Petersilie bleicht fettige Haut mit Sommersprossen

▶ Lotion mit Rosmarin oder Salbei wirkt bei fettiger Haut

▶ Lotion mit Lindenblüten regt die Durchblutung an

▶ **Gesichtsmaske** Schon Nofretete (ihr Name heißt übersetzt: Die Schöne ist gekommen), berühmte Gemahlin des ägyptischen Königs Amenophis IV. (etwa 1400 v. Chr.), soll ihre Haut oft mit einer Gesichtsmaske aus Milch, Honig, Kleie und Essig verwöhnt haben.

▶ **Gesichtspackung** Gönnen Sie sich auch 1-mal in der Woche eine speziell auf Ihr Hautproblem abgestimmte Packung. Besonders aufnahmefähig ist die Haut übrigens, während Sie baden. Bevor Sie eine Packung auftragen, sollten Sie das Gesicht mit einer milden Reinigungsmilch reinigen. Die empfindliche Augenpartie beim Auftragen der Packung bitte aussparen. Die Packung darf 20 bis 30 Minuten einwirken, manchmal auch länger, und wird dann mit einem lauwarmen, feuchten Gästehandtuch abgenommen. Danach mit klarem Wasser nachspülen und das Gesicht eincremen.

▶ **Essigsaure-Tonerde-Packung** Diese Packung klärt und beruhigt unreine Gesichtshaut. Verrühren Sie 3 Esslöffel essigsaure Tonerde (aus der Drogerie oder Apotheke) mit 1 Esslöffel Sonnenblumenöl. Tragen Sie die Packung auf das gut gereinigte Gesicht auf, und lassen Sie sie etwa 1 Stunde lang einwirken. Anschließend mit viel warmem Wasser abwaschen. Dann die Haut wie gewohnt eincremen.

▶ **Weizenkleie-Essig-Packung** Bei fettiger Haut vermischen Sie 2 Esslöffel Weizenkleie mit 5 Esslöffeln lauwarmem Mineralwasser und 1 Teelöffel Apfelessig zu einer Packung. 20 bis 30 Minuten einwirken lassen, dann abspülen. Weizenkleie reinigt und entfettet die Haut und regt die Blutzirkulation an. Außerdem wirkt sie entzündungshemmend auch gegen Pickel und Mitesser.

▶ **Gurkenpackung** Sie klärt und strafft fette, zu Unreinheiten neigende Haut. Sie brauchen 4 dickere Scheiben einer geschälten, ungespritzten Gemüsegurke, 1 Eigelb, 1 Teelöffel Apfelessig und 4 Esslöffel Distelöl. Pürieren Sie die Gurkenscheiben mit einem Mixer. Schlagen Sie in einem anderen Gefäß das Eigelb schaumig und geben tröpfchenweise das Öl dazu. Wenn die Masse cremig geworden ist, rühren Sie den Gurkenbrei hinein. Die Packung sofort auf das gereinigte Gesicht auftragen und 30 Minuten einwirken lassen. Wenn Sie die Maske mit Klarsichtfolie abdecken, intensiviert dies die Wirkung, und Sie können sich während der Einwirkzeit frei bewegen.

Sie können eine Packung statt mit Gurken auch mit pürierten Aprikosen, Bananen oder Papayas machen. Das erfrischt und belebt müde und beanspruchte Haut.

▶ **Hefepackung** Sie ist geeignet bei fetter, zu Unreinheiten neigender Haut. Sie verrühren 4 Esslöffel essigsaure Tonerde, 2 Esslöffel Bierhefe mit 5 Esslöffeln Kamillentee zu einem Brei und tragen ihn auf Hals und Gesicht auf. 30 Minuten einwirken lassen, dann mit lauwarmem Wasser abwaschen und eincremen.

▶ **Honigpackung** Sie macht trockene Haut geschmeidig. Man erhitzt 3 Teelöffel Apfelessig und löst 20 Gramm Bienenwachs (aus der Apotheke oder Drogerie) darin auf. Abkühlen lassen und die Masse aufs Gesicht auftragen. 1 Stunde einwirken lassen, dann abwaschen.

▶ **Für müde Augen** Legen Sie in Apfelessigwasser getränkte Pads auf Ihre Augenlider. Bevor Sie die Augen wieder öffnen, die Lider gut mit warmem Wasser abspülen. Aber Vorsicht, der Apfelessig darf nicht in die Augen kommen.

Wer Flecken auf den Zähnen hat, sollte jeweils einen Teelöffel Apfelessig in das Zahnputzwasser geben und vor jedem Zähneputzen die Zähne ein bis zwei Minuten damit spülen.

Gesundes Zahnfleisch, weiße Zähne

Von den alten Ägyptern weiß man, dass sie sich mit einer Zahnpasta aus gemahlenem Bimsstein und Weinessig die Zähne putzten.

Karies und Parodontose werden von Bakterien verursacht. Apfelessig wirkt antibakteriell und entzündungshemmend und ist somit das geeignete Mittel, um die übliche Zahnpflege zu vervollständigen. Man sollte daher regelmäßige Mundspülungen mit Apfelessigwasser (natürlich ohne Honig, wegen der Kariesgefahr) ausführen. Und zwar morgens und abends vor dem Zähneputzen. Auch gegen üblen Geschmack im Mund nach dem Aufstehen hilft Gurgeln mit 1 Glas Wasser und 2 Teelöffeln Apfelessig. Durch das Spülen mit Apfelessig werden mit der Zeit auch die Zähne weißer.

Glänzendes Haar, gesunde Kopfhaut

Haarausfall und Kopfhautjucken

Haarausfall, der keine medizinischen Ursachen hat, bessert sich oftmals, wenn man regelmäßig abends Apfelessigwasser in die Kopfhaut einmassiert. Das Gleiche empfiehlt sich, wenn die Kopfhaut häufig juckt oder auch bei Schuppen auf der Kopfhaut. Oft sind Mineralstoffmängel Ursache für den Haarausfall. Dann empfiehlt es sich, zusätzlich über einen längeren Zeitraum täglich den Apfelessigcocktail zu trinken.

Essigspülung

Bei fettigem und normalem Haar sollten Sie nach dem Haarewaschen das Haar mit Essigwasser (1/4 Tasse Apfelessig auf 1/2 Liter angewärmtes Wasser) spülen. Dadurch werden Schaum- und Seifenreste gründlich ausgespült. Das Haar wird frisch und duftig.

▶ Die Essigspülung 10 Minuten einwirken lassen, dann mit lauwarmem Wasser nachspülen. Das Haar wird leicht kämmbar, geschmeidig und bekommt mehr Glanz. Sie können diese Grundspülung mit verschiedenen Wirkstoffen anreichern und erhalten so eine Haarspülung, die auf Ihr spezielles Haarproblem zugeschnitten ist.

Klettenwurzelhaarspülung

Eine Spülung mit Klettenwurzel belebt stumpfes Haar und macht störrisches Haar leichter kämmbar. Sie verleiht auch seidigen Glanz.

▶ Vermischen Sie 1 Liter Apfelessig mit 1/2 Liter Wasser, und geben Sie 3 Esslöffel getrocknete und zerkleinerte Klettenwurzeln hinzu. Die Flüssigkeit erhitzen und mit den Wurzeln 30 Minuten sieden lassen. Wurzeln abseihen und die Spülung in ein Schraubglas füllen. Spülen Sie das Haar nach jeder zweiten Wäsche mit dieser Essenz. 5 Minuten einwirken lassen, dann gut ausspülen. Unabhängig von der Beschaffenheit der Haare können Sie der individuellen Kräuterspülung für alle Haartypen auch noch je 1 Teelöffel Birkenblätter und Lavendelblüten hinzufügen.

Etwa 100 Haare fallen jedem Menschen pro Tag aus. In der Schwangerschaft, im Herbst oder Frühjahr können es auch mehr sein. Wenn Sie feststellen, dass mehr Haare ausfallen, kann dies ein Zeichen für einen gestörten Stoffwechsel sein. Apfelessig reguliert den Stoffwechsel und kann Mineralstoffmängel ausgleichen.

Die individuelle Haarpflege

▶ Spülung mit Rosmarin verleiht dunklen Haaren Glanz

▶ Spülung mit Klettenwurzeln bändigt störrisches Haar und macht es kämmbar

▶ Spülung mit Kamillenblüten hellt blondes Haar auf

▶ Spülung mit Kornblumenblüten vitalisiert graues Haar und lässt es weniger spröde wirken

Natürlicher Haarfestiger

Haarfestiger mit Apfelessig gibt Ihrer Frisur Halt und Glanz.
▶ Sie erwärmen 1/2 Liter Mineralwasser, lösen 1 Teelöffel Honig darin auf und geben 2 Esslöffel Apfelessig dazu. Diesen Festiger nach der Wäsche auf dem Haar verteilen und nicht mehr ausspülen. Um die Haare aufzuhellen, kann man statt Wasser einen Sud aus Kamillenblüten zugeben, für eine Rottönung löst man 1 Esslöffel rotfärbendes Henna im Wasser auf.

Gepflegte Hände

▶ Wenn Sie allergische Reaktionen an den Händen zeigen, können Sie es mit einer eigenen, garantiert naturreinen Creme versuchen. Wenn Sie Olivenöl und Apfelessig zu gleichen Teilen verrühren, erhalten Sie eine preiswerte und wirksame Pflegecreme für die Hände.
▶ Altersflecken sollen blasser werden, wenn man 1 Teelöffel Zwiebelsaft mit 2 Teelöffeln Apfelessig mischt, die Tinktur abends auf die Flecken aufträgt und über Nacht einwirken lässt. Oder man reibt die braunen Tupfen mehrmals täglich mit reinem Apfelessig ab.
▶ Nagellack hält länger, wenn Sie vor dem Lackieren die Nägel etwa eine Minute in 1/2 Tasse Wasser mit 2 Teelöffeln Apfelessig baden.

Fürsorglich behandelte Füße

Ein Fußbad mit Apfelessig tut schwitzenden Füßen gut. Es entspannt und bindet Gerüche.
▶ Mischen Sie dafür 2 Teile Wasser mit 1 Teil Apfelessig. Das Wasser für das Fußbad sollte lauwarm sein. Bei kalten Füßen kann es aber auch wärmer eingelassen werden. Am besten baden Sie die Füße in einer kleinen Wanne, während Sie auf einem bequemen Stuhl sitzen. Das Fußbad sollte etwa 10 Minuten dauern. Anschließend die Füße mit einem Frottiertuch gut abrubbeln, das fördert die Durchblutung. Zum Schluss können Sie die Füße noch mit einer speziellen Fußcreme verwöhnen.

Brüchige Fingernägel sind oft Indikator für einen Mangel an Kieselsäure, Kalzium und Natrium. Da diese Mineralstoffe reichlich in Apfelessig enthalten sind, kann eine sechswöchige Trinkkur mit Apfelessigwasser diesen Mangel beheben.

Über die Autorin

Margot Hellmiß studierte Germanistik, Geschichte und Kommunikationswissenschaft. Als Journalistin beschäftigt sie sich mit Naturkosmetik und medizinischen Themen. Der Schwerpunkt ihrer Arbeit sind Naturheilmethoden, alternative Therapieverfahren, gesunde Ernährung und Diät.

Literatur

Chiarello, Michael: Flavored Vinegars. Chronicle Books. San Francisco 1996

Fischerauer, Andreas: Essig selbst gemacht. Leopold Stocker Verlag. Graz 1996

Hellmiß, Margot: Natürlich heilen mit Apfelessig. Südwest Verlag. 7. Auflage, München 1997

Jarvis, D.C.: 5 x 20 Jahre leben, Verlag Hallwag. Bern und Stuttgart 1961

Oberbeil, Klaus: Fit durch Mineralien und Spurenelemente. Südwest Verlag. 3. Auflage, München 1996

Oberbeil, Klaus: Fit durch Vitamine. Südwest Verlag. 12. Auflage, München 1997

Parmentier, Antoine: Die Kunst alle Arten Branntwein und Essig zu verfertigen. Bei Friedrich Leopold Supprian. Leipzig 1802

Richter, Nora: Essig-Kochbuch. Verlag Dr. Richter. München 1984

Stückler, Karl: Der Most. Leopold Stocker Verlag. Graz 1992

Thaker, Emily: Das große Buch vom Essig. Reuille Verlag. Nyon/Schweiz 1996

Vötsch, Josef: Obstsäfte. Leopold Stocker Verlag. Graz 1995

Hinweis

Das vorliegende Buch ist sorgfältig erarbeitet worden. Dennoch erfolgen alle Angaben ohne Gewähr. Weder Autorin noch Verlag können für eventuelle Nachteile oder Schäden, die aus den im Buch gemachten praktischen Hinweisen resultieren, eine Haftung übernehmen.

Bildnachweis

AKG, Berlin: 18, 86; Das Fotoarchiv, Essen: 1 (Dirk Eisermann), 78 (Thomas Mayer), 80 (Jochen Tack); IFA-Bilderteam, Taufkirchen: 6 (Comnet); Mauritius, Mittenwald: 12 (ACE), 36 (Ulrich Kerth), 39 (Clasen), 85 (Reinhard); Südwest Verlag, München: Titelbild/Fond und Einklinker (Christian Kargl), U4 (Michael Nagy), 5, 43 (Karl Newedel); Visum, Hamburg: 14, 22, 24, 26 (Günter Beer), 30 (Gisela Floto), 32 (Michael Wolf)

Impressum

© 1997 W. Ludwig Buchverlag in der Südwest Verlag GmbH & Co. KG, München
3. Auflage 1998
Alle Rechte vorbehalten. Nachdruck – auch auszugsweise – nur mit Genehmigung des Verlags.

Redaktion:
Dr. Horst Leisering,
Monika Parzinger

Projektleitung:
Nicola von Otto

Redaktionsleitung und medizinische Fachberatung:
Dr. med. Christiane Lentz

Bildredaktion:
Bettina Huber

Produktion:
Manfred Metzger

Umschlag:
Till Eiden

Layout:
Wolfgang Lehner

DTP/Satz:
Mihriye Yücel

Druck:
Weber Offset, München

Gedruckt auf chlor- und säurearmem Papier

ISBN 3-7787-3602-7

Rezepteregister

Sachregister